【新装版】

D・カーネギー

リーダーになるために

D・カーネギー協会【編】
山本徳源【訳】

THE LEADER IN YOU

創元社

リーダーになるために●目次

THE LEADER IN YOU
How to Win Friends, Influence People,
and Succeed in a Changing World
by Dale Carnegie & Associates, Inc.

装幀————上野かおる

序　人間関係の革命

変化に対していつも心を開いていてほしい。変化を歓迎してほしい。愛してほしい。あなたが進歩できるのは、ただあなたの意見と考えとの検証を繰り返すことによってだけなのだ。　**デール・カーネギー**

二一世紀が近づくにつれて、世界は、激動と可能性という未曽有の変化を体験している。ほんのこの数年のうちにわれわれが目撃してきたのは、産業社会の次の時代の幕開けであり、情報化時代の到来であり、コンピュータ化への疾走であり、バイオテクノロジーの誕生であり、そしてこれらの変化の中でもとりわけ、人間関係における革命である。

冷戦の終結とともに、ビジネス環境は劇的に厳しさを増してきている。競争はますます全地球的規模となって、さらに激化している。テクノロジーはさらにそれを追い立てる。ビジネスはもはや顧客の欲求やニーズを無視して安穏に過ごすことはできない。管理職はもはや命令しさえすれば、それが素直に実行されるということは必ずしも期待もできないし、個人的関係を当然視することもできない。企業はもはや絶えざる品質改善の苦悩を免れることができない。人間の持てる多くの創造力は、利用し尽くされずに済むということは絶対に許されないのである。

ビジネスや政治、また非営利事業においても成功を収めようとする組織は、来るべき時代に生き残るため、行動様式の深刻な変革に耐えなければならないだろう。そこに働く人びとは、いっそう迅速に考え、いっそう賢明に働き、いっそう大胆な夢を描き、さまざまに異なった方法で互いに関わり合わなければならないだろう。

とくに重要なことは、行動様式のこのような変革には、まったく新しいタイプのリーダー――大部分のわれわれがいままでそのような人の下で働き、われわれの何人かも多分そうなるであろうと思われる上役たちとは違ったリーダー――が要求されるということである。企業が猛獣使いのように鞭と椅子とでやっていけた時代は、遙か遠くに過ぎ去ったのである。

明日のリーダーは、自分たちが導こうとしている組織のために、真のビジョンと価値観とを確立しなければならないだろう。これらのリーダーたちは、過去のリーダーよりもさらにいっそう効果的にコミュニケーションを持ち、やる気を起こさせなければならないだろう。彼らは状況がほとんど止まることなく変化しつづけるなかで、その状況に抜け目なく気を配らなければならない。またこれらのニューリーダーたちは、彼らの組織が所有しているあらゆる才能と創造力の最後の一滴までも――お店にいる人から重役たちの執務室にいる人の才能と創造力に至るまで――掘り起こさなければならないのだ。

このような大変動のルーツは、第二次世界大戦後の何十年間かに遡ることができる。戦後アメリカのほとんどの企業は、何をやって来ても繁栄すると思われた。ヨーロッパとアジアの経済は戦火による破壊のためによろめき、発展途上国はまだ経済の大きな構成要素とはなっていなかった。大きな労働力と政治力を有していたアメリカの大企業は、他のすべての企業の基準となった。これら企業では、それほど優れた経営がなされていたわけではなく、またその必要もなかった。急上昇のヒエラルキーや厳格な職務分掌、それに「自分たちが一番よく知っている」という態度で、今世紀の中期を席巻し、肥大になり、幸福を味わい、そして可能な限りの収益を上げてきた。

これらの企業は、従業員たちに何と気持ちのいい安住の地を用意してくれたことだろう！　多くの人びとにとって、よい企業に職を得るということは、永久就職を意味した。それは公務員とほとんど同じで、ただ公務員よりはよい給与と、公務員より有利な福祉手当があるということを意味していた。

解雇だって？　洋服やドレスに身を包む勤め人について、誰が解雇なんて言葉を聞いたことがあっただろうか？　工場労働者なら、聞いたことがあったかもしれない。しかし管理職層には、一般的には起こらなかった。人びとはしばしば「成功への階段」を口にした。それは一時に一段ずつ、上にいる者や下にいる者と比べて速すぎもせず遅すぎもしない、順調な昇進の仕方のことだった。いまになって思い出すと、それはまさに安易な豊かな時代であった。それは、いつかは終わらなければならなかったのだ。

アメリカが戦後の果実に酔っている間に、日本人は先のことを考えていた。日本経済は破壊され、基盤となる社会的構造は壊滅状態だった。それこそがまさに日本人が第一に乗り越えなければならないものだった。それに、彼らは安価で粗悪な品物を生産し、二流の顧客サービスを提供しているという世界一般の評判に立ち向かわねばならなかった。

しかし日本人は、ついには自分たちが直面した難局を切り抜け、進んで過去の失敗から学んだ。そこで彼らは見つけられる限り最高の顧問たちを雇ったが、その中に、戦時中アメリカ陸軍の品質管理部門で働いていた統計学者、W・エドワード・デミング博士がいた。

デミングや他の顧問たちの日本人への助言は、次のようなものであった。アメリカ大企業の複雑な構造を真似ることはない。それよりも新しいタイプの日本企業――従業員との一体化、品質改善、顧客の満足感などに配慮する企業――を作り上げ、全従業員が一致して目標に向かって努力するというものだった。

それは一夜にしてなされたわけではないが、日本経済は再生した。日本は技術革新におけるリーダーとなり、日本製品やサービスの質は高まった。この時宜にかなった新しい精神によって、日本企業は外国の競争者に対して遅れを取り戻しただけではなかった。多くの重要産業において、日本人はさらに追い越してしまった。彼らの進出が地球上に――ドイツ、北欧、極東を越え、太平洋沿岸に沿って――拡大するのに長くはかからなかった。不幸なことにアメリカは、最後に開眼した国の一つだった。この遅れは高くつくことになった。

最初はゆっくり、気づかれないほどに、アメリカの安易な豊かさにもガソリンが切れ始めていた。一九六〇年代と七〇年代には、戦後経済のどよめきは非常に大きかったから、ときどきパタパタという危険信号音がしても、それは掻き消されてしまっていた。しかし混乱の兆候はだんだん大きくなり、無視することは難しくなった。

石油価格が高騰し、インフレとアメリカの競争相手の利率が跳ね上がった。単に力を盛り返した日本とドイツとからだけではなかった。海外の何十もの国ぐにが、経済地図の上ではほんの小さな輝点にすぎなかったのに、突然、新しく研ぎ上げられた競争力を身につけて、テクノロジーの最先端に現れた。間もなく彼らは、ゼネラル・モーターズ、ゼニス、IBM、コダック、その他眠れる巨人企業からマーケット・シェアを奪い取るようになった。

八〇年代半ばまでに混乱は増し、もはや抑え込むことは困難であった。不動産は暴落した。企業の負債と国家の財政赤字は膨らんだ。株式市場は奇妙な動きをし始めた。九〇年代はじめから腰を落ち着けたしつこい不景気は、世界がいかに変化してしまったかをまざまざと示した。

渦中に巻き込まれた人たちにとっては、この変化はすべてぞっとするほどのスピードで到来するように思われた。企業は、買収合併に応じなければ、リストラをするか、破産裁判の冷水で溺れかけていた。首切りや解雇が起こった。変化は迅速にやってきて、残酷ですらあった。もはや一般社員だけではなく、専門職も管理職も、ホワイトカラーの全職階を通じて、見通しの暗い未来に直面していた。彼らには、どうしたらいいのか、確かなことは何もわからなかった。

予想されることではあるが、これほどの規模と速度をもった変化は、人びとの自分自身とキャリアについての感じ方においても、きわめて大きな影響をもたらした。極端な好況から極端な不況へという変化は、従来予想もつかなかったような、不満と恐怖の波を生み出した。

技術信仰の厚い人びとは、世界は現状から簡単に抜け出す方途を考え得るであろうと思っているようであり、もちろん、技術がなしうる貢献を否定するものではない。

「わたしのニューヨークの事務所では、日本の誰かが使っているのと同じデータを使う。それもまったく同時刻に」とマーチャント・バンク、ソーンダーズ・カープ社の共同経営者、トマス・A・ソーンダーズ三世は言っている。「われわれは一日二四時間、同じデータ・システムで結ばれている。世界中のあらゆる人びとが、誰かがかつて想像した以上に複雑な、一つのコミュニケーション・ネットワークによって結ばれている。資本市場と通貨市場には、政府のコントロールは効かない。市場について何かを知るのに、新聞を見る必要はない」

「あなたが眼にしているのは、仕事上の改革がもたらした恩恵だ。そのために潜在的な可能性は増大し、より多くのことが、より短期間にできるようになった」と、偉大な医学者、ジョナス・ソーク博士は語っている。「非常に離れたところにいる人びとが、いっしょに仕事ができることが多くなった。だからもっと多くのことが、一〇〇年前よりも短い時間で可能となった。多くの情報源があればあるほど、進歩に必要な手段をたくさん持っていることになる」

「コンピュータがはじめて出現したときのことを憶えているかい？」と、自分のファミリー・ネームを冠したビジネス誌の編集主幹、マルコム・S・フォーブズ・ジュニアは聞いた。「独裁者《ビッグ・ブラザー》の道具と恐れられたんだよ。テレビはプロパガンダの道具と言われたものだ。ところが高度技術のお蔭で、正反対の結果になった。コンピュータはますます小型化し、本体もさらに小さくなった。能力が天文学的に高まって、どこにも縛りつけられる必要はなくなった」

「前世紀に、機械が筋肉の届く範囲を広げたのと同じように、マイクロ・チップは頭脳の領域を広げつつある。ソフトウェアは今日、スチールの薄片になっている。光学繊維とデジタル・スクリーンとは、輸送用の鉄道と高速道路になりつつあって、そこでは情報が生の材料だ」フォーブズは続ける。「いまやメッセージを送ったり、コンピュータを操作したりすることは、膝の上に一キロ足らずのものを置いて、コンセントか人工衛星を見つけさえしたら、どこでも可能になった」。その結果はどうなったのだろう？　より多くの人たちによる、より多くの情報への、より多くのアクセスだ。「地球の他の地域で何が起こっているかを見ることができる。それは民主化に非常に大きな影響を及ぼす」と、フォーブズは締め括っている。

ベルリンの壁の崩壊、ソ連邦の解体、中国の暴動、ラテン・アメリカやカリブ海諸国における民主化闘争、発展途上国で進行中の工業化、これらすべての変化の一つひとつが、コミュニケーション技術へのより広範なアクセスによって加速されてきた。

この変化をまざまざと示す映像が、いまや世界中に日常的に放映されている。中国の学生たちでは英語のスローガン入りの横断幕を、カメラに向かって振った。サダム・フセインは——その点ではアメリカ統合参謀本部も同様に——CNNテレビでペルシャ湾岸戦争の進行を追っている。

しかし技術だけでは、この困難な時代は十分でない。コミュニケーションの手段が整備されたからといって、コミュニケーションについてよりよく学んだことにはならないのだ。いやそれどころか、そうでない場合があまりにも多い。これは現代の矛盾の一つである。コミュニケーションの可能性が大きくなれば、その失敗も大きくなる。もし人びとがそれをどう分かち持つかを知らなかったら、情報なんて一体何になろう?

最近ハーバード・ビジネス・スクールでは、学生や卒業生、新入生を対象に、ある調査を実施した。いまや、コミュニケーションの必要性が差し迫ったものであることを考えれば、以下のような結果は驚くに当たらない。ハーバード・ビジネス・スクールのジョン・A・クェルチ教授によれば、「われわれにわかったことは、大学院生の技術的能力がきわめて高いことに対して、大きな満足感を抱いている、ということです」。

頭のいい若者たちは、数字を噛み砕き、マーケットを分析し、ビジネス・プランを案出することができる。しかし人間関係の技術を教える点では、ハーバードも一段と努力しつつあるところだ。「改善が必要と思われる分野は、口頭および文字によるコミュニケーション、チームワーク、その他、人間に関わる技術」とクェルチは観測している。やはりこの技術こそが、若いビジネス・リーダーたちの成功を最も決定的にすることになるだろう。

たしかに技術的訓練は、世界が競争にしのぎを削っている間は、依然として重要だろう。しかし、それは新しい実業界への入場料にしかすぎないのだ。最終的には、勝者と敗者の差は、コンピュータのように「バイト」や「ラム」の差で示されるわけではない。勝者とは、組織の内外で、どのように意志の疎通を図り、やる気を効果的に起こさせるかを知っている、聡明で独創的なリーダーを有する組織のことだ。

「よい人間関係を保つ技術は、他人を管理することから指導することへと、人びとを変える力を持っている」と、織物工業界のリーダー、ミリケン社のマネージメント能力開発総責任者、ジョン・ラムピーは言う。人びとは「命令することから指導することへ、競争することから協力し合うことへ、ベールのかかった秘密のシステムのもとでの労働から、必要な情報を共有しての労働へ、受け身の姿勢からリスクを引き受ける姿勢へ、人間を単なる経費とする見方から、財産であるとする見方へ」と考え直すことを学んだ。彼らは「人生を憤慨から満足へ、無関心から積極的参加へ、失敗から成功へと変える」方法を学ぶことができる。

こういう技が自然に学び得ると言った人は一人もいないし、また一般的にそういうものでもない。「優れた人間関係のつくり方を知ることは、それほど容易なことではない」と世界的な広告会社、J・ウォルター・トンプソン社の会長、バート・マニングは言う。

「それを本能的にできる人はほんのわずかで、たいていの人は教えられ、訓練を受けなければならない。自動車会社のエンジニアとなって、よりよいピストンの設計ができるようになるのと同じくらい多くの訓練と、多くの学習とが必要だ」

「会社の目標を推進するやり方をとる中堅社員を育てる会社こそが、他社を圧倒する」と、マニングは言う。「こういう会社こそが、よきサービスと人間関係こそが成功への非常に大きな貢献をすると理解している」

デール・カーネギーは、安易な豊かさの日々が激動の時代へと変わっていくのを見届けるほど、長命ではなかった。また彼は、この新しい人間関係の革命の到来を眼の当たりに見たわけでもない。しかし**会社のビジョン**とか、**従業員への権限移譲**、あるいは**品質改善の手順**などのようなことばを誰一人聞いたことのない時代に、カーネギーは、これらの重要な考え方の中心にある根本的な人間関係についての先駆者であった。

一九一二年にカーネギーがニューヨークにやって来たとき、彼はミズーリ州北西部出身者で、人生をいかに送るべきか見出そうとしている一人の若者だった。彼は結局一二五丁目のYMCAで、夜間に成人に演説の仕方を教える仕事を得た。

カーネギーはずっと後になって、こう書いている。「最初は演説のコースだけを教えていた。それは実体験をもとに、ビジネス上の面談でもグループの前でも、自信をもって自分の考えを、より明快により効果的に、より落ち着いて言い表わす訓練を教えることを目的とするコースだった」

「しかし何学期も教えているうちに、次第にわたしは、この人たちが効果的な話し方の訓練を必要としているのと同じくらい、毎日のビジネスや社交において、よい人間関係を維持する洗練された技術の訓練を痛切に必要としていることがわかってきた」

そこでカーネギーは、彼のコースを基本的な人間関係を含むものへと広げた。教科書も公式の授業概要も、出版された指導書もなかった。しかし彼は世の中でよい人間関係を保っていくための実用的方法を自分のリストに書き足していき、それらを毎日試していった。

「他人の視点からものごとを見たまえ」と彼は受講生に言った。「率直で真摯な賞賛を与えたまえ。他人に誠実な関心を持ちたまえ」。彼は受講生たちに、人間関係に関するこれらの原則を、人生という布にいかに織り込んでいくかを示したのである。

最初カーネギーは、自分の原則を七・五センチ×一二・五センチのカードに書きつけていた。間もなくそのカードはチラシに変わり、さらに一連の小冊子になって、しかもそれは一冊ごとに前のものより分厚くなっていった。一五年間の苦心の実験作業の後、カーネギーは人間関係についての自らの原則を、一冊の本に収めた。一九三六年に出版された『人を動かす』は、他人といかにうまく付き合っていくかについての、カーネギーの率直な指針である。

この本は大当たりだった。三〇〇〇万部に達して以来、『人を動かす』は出版史上ベストセラーの一つであった。また数十か国語に翻訳されて、今日でもなお売れつづけている。

カーネギーは、人間関係についての彼の信条を広めるために、デール・カーネギー協会をつくり、世界中に熱心な信奉者をもった。ラジオやテレビに定期的に出演した。他の人たちにも彼のコースの教授法を教え、人間関係についての本をさらに二冊書いた。『話し方入門』と『道は開ける』がそれで、両方ともベストセラーになった。一九五五年に亡くなってからも、彼の考えは広まりつづけた。

今日、デール・カーネギー・コースは、アメリカ以外にも七〇か国、一〇〇〇以上の市や町で提供されている。新規受講者は毎週三〇〇〇人以上にのぼる。デール・カーネギー協会はいまや、『フォーチュン』誌に掲載される売上規模上位五〇〇社のうちの四〇〇社以上から、トレーニング・プログラム作成の要請を受けて、それを提供するまでになっている。

世代が新しくなるごとに、カーネギーのメッセージは、変化する世界のニーズに合わせるために、それ自身を再定義するという類い稀な再生力を示してきた。他の人びとと効果的にコミュニケートする。人びとにやる気を起こさせ成功させる。各自の内部にあるリーダーを発見する——これらは、デール・カーネギーによる信条の主たる課題であった。世界が現在のような混乱状況に陥ると、デール・カーネギーの時代がふたたびやって来る。次章以下には、デール・カーネギーの人間関係についての原則が、今日直面しているこの時代特有のチャレンジにも適用される。これらの原則は基本的で理解しやすいものである。特別な教育や、技術的能力が要求されるわけではない。ただ必要とされるのは、実践と学ぼうとする真面目な意志である。

あなたは、旧来の世界観に挑戦する気があるだろうか？　あなたはもっと容易にかつ成功できるように、人間関係を保とうとする気はあるだろうか？　あなたは一番高価な財産——すなわち個人生活と職業生活とで交際のある人たち――の価値をもっと高めたいと思っているだろうか？　あなたの中にあるリーダーを見つけだし、活躍させたいと心から願っているだろうか？

もしそうなら、次を読んでほしい。そして以下に書かれていることが、あなたの人生を変えるかもしれない。

1 あなたのなかにリーダーを見つける

チャールズ・シュワッブは鉄鋼業で一〇〇万ドルの年俸を得ていたが、この巨額の報酬は専ら人を動かす能力に対するものだと語った。考えてもみたまえ！　人間操縦術に対して年俸一〇〇万ドルだ！

ある昼どき、シュワッブは鉄工所の構内を歩いているとき、何人かが「禁煙」の掲示の真下で煙草を吸っているのに出くわした。さてチャールズ・シュワッブはどうしただろう。掲示板を指さして「君たちにはこれが読めないのか」と言っただろうか？

とんでもない。そこは人間関係の達人、シュワッブ氏は彼らと楽しそうに話をした。そして彼らが禁煙の掲示の下で喫煙していることになど、ひと言も触れなかった。最後に彼は連中に葉巻を渡し、ウインクしながら言った。「きみたち、これを外で吸ってもらえるとありがたいんだが……」

彼が言ったのは、それだけだった。彼らは、自分たちが規則を破っていることに、彼が気づいていることがわかった。そして、自分たちを叱りつけなかったそういう彼に感服した。彼がこんなふうに自分たちを紳士的に扱ってくれたのだから、自分たちも彼に対して、

紳士的に振る舞うことになったのである。。

デール・カーネギー

フレッド・ウィルポンは野球チーム、ニューヨーク・メッツ球団の社長である。ある日の午後、ウィルポンは生徒の一団を連れてシェー・スタジアムを案内していた。彼は子どもたちをホームプレートの後ろに立たせたり、チームのダグアウトに入れてやったりした。それからクラブハウスの選手用通路を通らせてやった。スタジアム見学の終着点として、彼は生徒たちをブルペンに連れていってやろうとしていた。ピッチャーがウォーム・アップするところだ。

ところがちょうどブルペンの入口の外側で、彼らは制服を着た警備員に止められた。「ブルペンは関係者以外には公開されていません」。警備員はウィルポンに、明らかに彼が誰なのかを知らずに言った。「お気の毒だが、そこへ行くことはできません」

ところで、フレッド・ウィルポンはたしかに、その時、そこで、自分のしたいことをする権力を持っていた。彼はその哀れな警備員にこの偉い自分の顔を知らないのかと言って、叱りつけることができたはずだった。また大袈裟な身振りで自由通行証をさっと取り出し、子どもたちに彼がシェー・スタジアムでどれほど力を持っているかを見せつけて、彼らの眼を丸くさせることもできたはずだった。

しかし、ウィルポンがしたのは、そのどちらでもなかった。彼は生徒たちをスタジアムの向こう側に連れていき、別の入口からブルペンに入れてやった。

なぜ彼はそんな面倒なことをしたのだろう？　ウィルポンは警備員に気まずい思いをさせたくなかったのだ。警備員は何といっても自分の役目を果たしていたのだから。しかも忠実に。その日の午後、ウィルポンは自筆のメモを警備員に送って、彼の仕事ぶりに感謝の念を示しさえしたのだった。

もしウィルポンがこんなふうではなく、わめきたて大騒ぎを演じていたら、警備員はきっと怒り、その結果、彼の仕事ぶりにも影響が出てくることになるのは疑いのないことであった。ウィルポンの穏やかなやり方は、はるかに道理にかなったものだった。警備員は彼の気配りにたいそう恐縮した。この次にもしこの二人が会うことがあったら、ウィルポンを見間違えるなどということは、きっとなかったであろう。

フレッド・ウィルポンはリーダーである。といってもそれは、彼の肩書あるいは彼の稼ぐ給料のせいではない。彼を人びとのリーダーたらしめているのは、彼が人と人とが相互に影響し合うあり方を心得ているからである。

かつてビジネス社会にいる人びとは、リーダーシップの真の意味をあまり深く考えることをしなかった。ボスはボスであり、責任者だった。そこまでで議論は終わりだった。うまく行っている会社——誰も「よいリーダーがいる会社」を話題にしたことなどはなかったから——は、ほとんど軍隊風に運営されていた。命令は上から出され、階層の順にまっすぐ下に降りてきた。長編コミックの『ブロンディ』のディザー氏を覚えておられるだろうか？「バムーステッド！」と彼はわめいたものだ。すると若いダグウッドは胆を潰した犬ころのように、ボスのオフィスに跳んできた。長い間、実際の会社でも多くがこんなふうだった。会社は、プラトーン軍団のように走らされなければ、まったく機能しなかった。彼らはいつもやってきたようなやり方で、何年間も競争相手のいない小さなマーケットで、気楽にのんびりやっていた。上から言ってくることといえばいつも、「壊れていないのなら、どうして直す必要があるんだ？」だった。

幹部の人びとは、事務所に座って管理できることを管理した。それが彼らが期待されていたことなのだ——「管理する」ことが。多分彼らは組織をほんの少しは左に、あるいは右に動かしたのかもしれない。普通彼らは、はっきりと自分の目の前に出された問題なら何とかしようとした。彼らはそれを一日の仕事と呼んだのである。

世界がもっと単純な場所だったときには、こんなふうなマネージメントでよかった。ほとんどビジョンもなかった。しかしそれでよかった。それで仕事は予想通りに流れていたのだから。

しかし、もはや単なる管理だけでは不十分である。世界はあまりにも予断を許さず、あまりに移ろいやすく、あまりに急速に動いていて、そういうやる気のないやり方ではついていけない。現在必要とされているのは、昔風なビジネス・マネジメントではなく、もっと深みのある何ものかである。必要とされているのは**リーダーシップ、つまり、**

人びとを援助して彼らの可能なる能力を発揮させること
将来へのビジョンを確立すること
勇気づけ、指導し、模範となること
成功に導く関係を確立し維持すること

である。

「ビジネスがもっと安定した環境で機能していた頃には、管理技術だけで十分だった」と、ハーバード・ビジネス・スクールのジョン・クェルチ教授は言う。「しかし、ビジネス環境が変わりやすくなり、海洋には海図がなくなり、あなたの任務にはあなたがかつて想像した以上の柔軟さが必要とされる時代――それはリーダーシップの手腕が決定的な役割を果たす時代である」

「変化はすでに起きつつある。しかしわたしはすべての組織がそれに備えているとは思えない」とは、世界でも有数の半導体メーカー、ＳＧＳ・トムプソン・マイクロ・エレクトロニックス社の人事担当副社長ビル・マカヒラヒラのことばである。

『マネジャー』と呼ばれる地位は、もうあまり長くないかもしれない。そして『リーダーシップ』ということばの意味も再吟味されるだろう。今日、各社はその葛藤の中を通り過ぎつつある。彼らは、企業の規模を小さくしてより大きな生産性を得ようとしはじめて、業務支援の技術が第一になりつつあることを実感している。よいコミュニケーション。対人関係の技術。指導し、模範となり、チームを築き上げる能力。このためには、より多くの、しかもより優秀なリーダーが必要だ」

「命令ではもう何もできない。影響力を行使しなければならない。真の意味で『人を扱う技』が必要なのだ」

多くの人は依然として、真のリーダーシップが如何なるものかについて、よく理解していない。「リーダー」と言えば、彼らは司令官とか大統領とか首相、あるいは取締役会の議長を思い浮かべる。明らかに、こういう高い地位にいる人びとはリードすることが期待されてはいる。だが、その期待に彼らが応えている度合いはさまざまである。

しかし実際には、リーダーシップはトップだけの問題ではない。それはわれわれの大部分が生活し働いているあらゆる場所でも、まったく同じくらい重要な、あるいはもっと重要なものなのである。

小さな作業チームを組織すること、事務所の一般社員を力づけること、自分の家庭を幸福な状態に保つこと――こうしたことがリーダーシップの直面している問題である。リーダーシップはけっして生やさしいものではない。しかしありがたいことに、もう一つ別のことも事実である。つまりわれわれは誰でも、毎日リーダーになれる可能性を持っているということだ。

チームの援助者《ファシリテーター》、中間管理職、経理担当役員、得意先サービスのオペレーター、郵便物の仕分け担当。他人と関わりをもつ人は誰でも、リーダーシップの学習を切実に必要としている。

それらの人々のリーダーシップの手腕は、彼らがどれほどの成功をおさめるか、あるいはどれほど幸福になれるかを、かなりの程度にまで決定するだろう。それも仕事においてだけではない。家族、慈善グループ、スポーツ・チーム、市民団体、社交クラブ、いくらでも挙げられよう。このような組織はいずれもダイナミックなリーダーシップを、喉から手が出るほど欲しがっている。

スティーブン・ジョブズとスティーブン・ウォズニャックは、カリフォルニア生まれの二一歳と二六歳、ブルージーンズをはいた若者だった。彼らは貧しかった。ビジネスの経験はまったくなかった。そして彼らは、当時ほとんど陰も形もない分野での仕事を始めようとしていた。

それは一九七六年のことだった。コンピュータを家庭用に購入することなど、ほとんどの人が考えたこともなかった時代である。その頃、ホーム・コンピュータだけを扱う仕事といえば、ほんのひと握りの頭のいい道楽者を意味した。「コンピュータばか」の元祖たちのやっていることだけだった。だからジョブズとウォズニャックが一台のワゴン車と二台の計算機を売って一三〇〇ドルを掻き集め、ジョブズのガレージでアップル・コンピュータ・カンパニーを始めたときには、彼らが大成功をおさめるのは夢のような話であった。

しかし、この二人の若い起業家たちは、ビジョンをもち、自分たちがなしうると信じているものについて明確な考えをもっていた。「コンピュータはもはや物好きのためだけのものではない」と彼らは断言した。「コンピュータはいわば心をもった自転車だ。低価格のコンピュータは大衆のものだ」

第一日目からアップル・コンピュータの創立者たちは、自分たちのビジョンを大切に守った。

彼らは繰り返し、そのことを話し合った。彼らは自分たちのビジョンを理解する人を雇って、利益を分け合った。彼らは朝から晩までビジョンを語り合った。会社が行き詰まったときでも――小売業者に「間に合ってるよ」と言われたり、メーカーに「とても無理だ」と言われたり、銀行から「これ以上はだめだ」と言われたときでも――アップルの理想家たちは挫けなかった。

とうとう世の中が追いついた。会社設立後六年目には、年間六五万台のパーソナル・コンピュータを売っていた。ウォズニャックとジョブズはダイナミックな個性派リーダーで、時代を何年も先取りしていたのだ。

しかしながら、ビジョンをもったリーダーシップを必要としているのは、何も新しい組織ばかりではない。八〇年代初頭、コーニング社は恐ろしい窮地に立たされていた。コーニングという名前は台所用品ではいくらか知られていたが、深刻に弱体化しつつあった。製造技術は流行遅れで、マーケット・シェアは縮小した。コーニングの取引先は何千となく外国企業に流れていた。そして旧式な経営が打開策を見つけるとは思えなかった。

会長のジェームズ・R・ホートンが、コーニングにはまったくの新しい事業見通しが必要と結論を出したのは、そんなときだった。そして彼は提案した。ホートンは回想する。

「われわれには住み込みの精神科医さながら働いてくれる外部コンサルタントがいました。文字通りの援助者で、品質の問題についてガンガン言いつづけた素晴らしい奴でした。それこそが取り組まねばならないことだったのです」

「そんな恐ろしいグループ・ミーティングをしていて、誰もが意気消沈していました。わたしは立ち上がって、こう言いました。『今は持ち合わせがないが、約一〇〇〇万ドルを支出するつもりでいる。自前の品質研究所の設立準備にとりかかる。これをやり遂げるつもりだ』」「わたしをトップに据えるには、いろんな思惑がありました。しかし、あえて認めますが、これがいいと本能的に感じたのです。その裏にどんな意味が含まれているかなど、全然考えもしなかった。それがどんな重大なことになるかもね」

ホートンは、品質改善と納期の迅速化が必要であることがわかった。彼が会長としてしたことは、リスクを負うことだった。世界一の専門家たち――つまり従業員――から、助言を求めた。マネジャーや社内の技術者たちだけではない。組立工場の従業員をも参加させた。代表チームを置いて、同社の全製造工程を設計し直すようにと言った。――もしそれが会社を再生させるために必要ならば。

六か月間の作業ののちチームが出した答えは、組立作業ラインでの不良品を減らし、新しい設備をより早期に導入するために、工場の設備機械を早急に作り直すというものだった。チームはまた在庫管理の方法を改めて、さらに速い回転率を図った。結果は驚くべきものだった。ホートンがこれらの改革を始めたときには、新しくファイバーオプティックス（屈折自由なガラス繊維の束）をコーティングする工程で、不良品は一〇〇万個当たり八〇〇個にのぼっていた。四年後にはその割合はゼロになった。さらに二年後、納期は数週間から数日へと短縮された。そして四年のうちに投資に対する利益の割合はほとんど二倍になった。ホートンのビジョンは、文字通り会社を再生させたのだ。

経済評論家のワレン・ベニスとバート・ネーナスは、規模にかかわりなく数百の成功した組織において、それがどんなリーダーを持っているかを中心に研究してきた。「リーダーは」と、二人は書いている。「まず組織の可能なかつ望ましい将来について、イメージを膨らませなければならない。このイメージは——これをビジョンと言うのだが——夢のようにぼんやりしたものでもありうるし、目標あるいは施針綱領のように明確でもありうる」

決定的な点は、とベニスとネーナスは説明している。「そのビジョンが組織にとって現実的で信頼でき、魅力的な展望を、つまり何らかの重要な点で現在よりもより望ましい状態を示しているということだ」

リーダーたちは尋ねる——それではこの作業チームはどこへ向かっているのだ？　この部門は何のためにやっているのだ？　誰に奉仕しようとしているのか？　どのようにして仕事の質を向上させられるのか？　それぞれについての回答は、リードされている人によって異なり、リーダー自身によっても異なるだろう。しかし重要なことは、こうした質問ができるということだ。

リーダーに「正しいやり方はたった一つ」ということはない。そして才能あるリーダーたちは、さまざまな個性を持っているからである。声が大きいかもしれないし、隠やかかもしれない。茶目っ気たっぷりかもしれないし、厳格かもしれない。タフかもしれないし、優しいかもしれない。

騒々しいかもしれないし、内気かもしれない。年齢も人種もさまざまで、性の別もない。そして組織の種類もさまざまである。

問題は、見出しうる最善のリーダー像を探し出し、その人を手本に、あなた自身をまったく同じように似せること――ではない。そんな戦略は最初から失敗するに決まっている。あなたは自分が振りをしている当の相手の、惨めなイミテーション以上にはけっして出ることはないだろう。あなたにとって最善のリーダーシップとは、あなた自身の中に育んでいるものである。

フレッド・エブはトニー賞受賞の作曲家で、ヒット作品には「キャバレー」「蜘蛛女のキス」「シカゴ」「ゾルバ」などのブロードウェイ・ショーがある。若い作詞家や作曲家は、仕事上の指導を求めて、エブのところへたびたびやって来る。「わたしは彼らには、アービング・バーリンがジョージ・ガーシュインに語った忠告に従うよう、いつも言っている」とエブは言う。

バーリンとガーシュインがはじめて会ったとき、バーリンはすでに有名で、ガーシュインはティン・パン・アレーで週給三五ドルで働いている若い駆け出しの作曲家にすぎなかった。ガーシュインの明らかな才能に強い印象を受けたバーリンは、この若者に、作曲で稼ぐ額の約三倍を出すから自分の音楽秘書にならないかと持ちかけた。

「でも、この仕事は受けない方がいいよ」と、彼は忠告した。「もしこれをやれば、やがてバーリンの二番煎じになれるかもしれない。しかし、きみ自身にしがみついていれば、いつかはきっと第一級のガーシュインになれるだろう」

ガーシュインはもちろん、ガーシュイン自身になるために努力を重ねた。そしてアメリカのポピュラー音楽は、新しい高さに達したのである。「他人の真似をするな」とエブは弟子たちに語っている。「自分自身でありつづけることをやめるな」と。

これには自分の実像を描き出して、それを完全に働かせることが必要になってくる。これは重要なことなので、しばらく静かに自省してみなければならない。自分自身に、この質問を率直にしてみたまえ――リーダーシップの資質に転化しうるような個人的資質を、自分は持っているだろうか？　と。

ロバート・L・クランドールにとって、このような資質の一つは変化を予見する鋭い能力だった。クランドールはAMR社の会長として、この乱気流の時代を通じて、旅客航空業界でアメリカン航空の舵を取ったのである。

オリンピック出場の体操選手、メアリ・ルー・レットンはもって生まれた情熱に大いに助けられた。彼女はウエスト・ヴァージニア州の小さな町から飛び出して、世界中の人びとの心を虜にしたのである。

ABCテレビのベテラン・レポーター、ヒュー・ダウンズの場合には、リーダーとしての資質の一つとして、謙虚さが挙げられる。競争の非常に激しい放送界にあって、自身の力で華麗なキャリアを築き上げたが、依然として控え目な紳士である。

どんな資質にせよ、こういうものがあなたにあれば――粘り強さ、回転の速い頭脳、偉大な想像力、積極的な態度、確固たる価値観——それらをリーダーシップの資質として花を咲かせるのだ。そして覚えておきたまえ、行動はことばよりはるかに強力だということを。

アーサー・アッシュは世界的に有名なテニス選手だが、同時に父親としても世界に誇れる存在だった。つまり、あらゆる分野で真のリーダーだったが、彼もまた自分で模範を示しながら、人を指導すべきだと信じていた。

「妻とわたしは、このことについて六歳の娘と話し合いました」と、アッシュは死の直前のインタビューで語っている。「子どもというものは、ことばで言われるよりも、やってみせられる方が強い印象を受けるものです。この年頃の子どもは、たしかに人間を正直にしてくれます。もしこちらが何かずっと教えていることがあって、突然それを実行しなくなったら、すぐさまこちらに面と向かって、そのことを言うでしょう」

「テーブルに肘をついて食事をするのは行儀が悪いと言っています。そのときは夕食のあとで、わたしは肘をつこうとしていました」「娘は『パパ、テーブルに肘がついてるわよ』と言いました。こんなときは、とにかく『そうだったね』と言って肘を下ろすことです。実際、耳で聞くよりも強い学習体験になるのです。つまり、娘は過去に聴いたということで、そのことを理解している。そしてそれを目にしたときに認識しているということです。しかし仕上げには単なることばではなく、むしろ行為が必要なのです」

リーダーは基準を確立する。そのあとは、この基準をあくまで守るのである。たとえば、ダグラス・A・ウォーナー三世はつねに、いわゆる「完全な透明性《トランスペアランシー》」に固執した。「何か提案があるときには」とJ・P・モルガン社の社長、ウォーナー氏は言う。「いまきみが話したことが、明日『ウォール・ストリート・ジャーナル』の一面トップに出ると思いたまえ。いま勧めたようなやり方で完全な透明性をもって、取引をまとめたこと、あるいはこうした状況を扱ったことに、自信を持てるだろうか？　もし答えがノーだったら、この話はそこでやめにして、何が問題なのかを調べてみることだ」。それこそがリーダーの証である。

このような焦点のよく合った、自信に満ちたリーダーシップこそが、ビジョンを現実に変える。マザー・テレサに聞いてみよう。彼女は若い頃、カトリックの修道女として、カルカッタの中流階級の上層部の人たちが住む地域の高校で教えていた。しかしいつも窓の外を見つめては、路上のハンセン病患者をじっと見ていた。「わたしは彼らの目に、恐怖を感じているのを見ました」と、彼女は言った。「自分たちが愛されることはないだろうという恐怖、適切な医療を受けることはないだろうという恐怖でした」

彼女はその恐怖を、自分の心から振り払うことができなかった。彼女は自分が修道会の保護のもとを離れて町へ出て行き、インドのハンセン病患者のために安息の地を作らねばならないことがわかった。それから何年もの間に、マザー・テレサと彼女の慈善伝道団はハンセン病患者一四万九〇〇〇人の世話をし、医療を施し、尽きざる愛を注ぎつづけた。

一二月のある日、国連で演説をしてから、マザー・テレサはニューヨーク北部にある、最も警備の厳しい刑務所を訪問した。所内で彼女は、エイズに罹っている四人の在監者と話した。彼女はすぐさま、彼らが現代のハンセン病患者であることに気づいた。

クリスマス前の月曜日、彼女はニューヨークに帰ってきた。真っ直ぐに市庁舎へ行き、エドワード・コッチ市長に会った。彼女は市長に、州知事のマリオ・クオモに電話してくれるように頼んだ。「知事さん」、彼女は市長が受話器を手渡すと言った。「わたしはシンシン刑務所から帰ってきたばかりです。あそこでは四人の囚人がエイズです。エイズ・センターを開きたいと思います。四人をわたしに預けてくださいませんか？　彼らをエイズ・センターの最初の入所者にしたいんです」

「いいでしょう、マザー」とクオモは言った。「州の刑務所には全部で四三人のエイズ患者がいます。四三人全員、あなたに預けます」

「わかりました」と彼女は言った。「まず、あの四人から始めます。それでは、わたしが考えている建物のことをご説明します。その建物の費用は出していただけますか？」

クオモは彼女の熱意に圧倒されて同意した。

それからマザー・テレサは、コッチ市長の方に向き直って、こう言った。「今日は月曜日です。水曜日にはオープンしたいので、いくつか許可証が必要です。用意していただけます？」

コッチは彼の事務所に立っているこの小柄な女性をじっと見つめて、首を前後に振るばかりだった。「よろしいでしょう。あなたがわたしに、そこの床洗いを命じなければ」と、市長は言った。

成功への第一歩は、
あなた自身のリーダーシップの強さを確認することである。

2 コミュニケーションを始める

セオドア・ルーズベルトの子どもたちは、父親を熱愛した。また彼らにはそうする理由があった。ある日、古い友人が悄然としてルーズベルトを訪ねてきた。自分の息子が家を出て叔母と住んでいるというのだ。少年は粗暴だった。あれこれと悪いところを訴えた。それで父親は、誰もその息子とはそりが合わないと言った。

ルーズベルトは言った。「そんな馬鹿なこと。あの子に悪いところがあるなんて全然信じないね。だけど子どもはもし自分の家でふさわしい扱いを受けられないと思ったら、どこか別のところでそれを手に入れようとするだろうよ」

数日後、ルーズベルトは少年に会って言った。「どういうことだい、きみが家を出たって聞いたけど?」

「そうなんです、閣下」と少年は言った。「父と話そうとすると、いつも父は癇癪を起こすんです。僕の言い分を聞いてくれたことがありません。いつも僕が悪いと言うんです。いつも僕のせいにされてしまうんです」

「ねえ、きみ」とルーズベルトは言った。「今は信じないかもしれないが、きみのお父さんは、きみの最良の友だちなんだ。お父さんにとって、きみは全世界の何よりも大切なのだよ」
「そうかもしれません、ルーズベルト閣下」と少年は言った。「でももうちょっと別のやり方でそれを示してくれるといいんですが」
そこでルーズベルトは父親を呼びにやった。そして父親にいくつかの衝撃的な事実を話し始めた。父親は少年が言った通り癇癪を起こした。「ほら」とルーズベルトは言った。「もしきみがそんなふうに息子さんに言っているのなら、息子さんが家出したのも当たり前だ。もっと早く家出しなかったのが不思議なくらいだよ。さあ、あの子のことをよくわかってやりたまえ。彼と半分歩み寄るんだね」

デール・カーネギー

コミュニケーションに失敗することほど、やさしいことはない。見下す態度。矛盾した話。叱責。下品な態度。他人をまるで「俺がボスだ。お前はここで働いているだけだ」と言わんばかりにあしらうこと。近年まで、こんなやり方が人間関係の常道として、世界の巨大・有名企業で一般的に受け入れられてきた。

「怒鳴る権利」は、窓のある事務所や二時間かける昼食とともに、管理職にある者の当然の特権と考えられてきた。不幸なことに、家庭も学校も、その他の組織もこの先例に従ってきた。

何年ものあいだ、声の大きいことはタフであることと同義と見なされてきた。頑固さは卓越した知識に等しいと思われてきた。理屈っぽさは正直と同じだとされてきた。われわれはみな――管理職と従業員、親と子ども、教師と生徒は――、こんな日々がついに終わりに近づきつつあることを感謝しなければならない。

ジェリー・グリーンウォルドはクライスラーの前副会長であるが、企業における旧来のコミュニケーション方法を、伝言方式でやる「電話ごっこ」という子どものゲームにたとえている。

「ティーンエイジャー二人が隣同士に住んでいるとして、相談したいことがあったら、片方は芝生を横切って、そのことを話しに行きます。ところがこれが企業の別の部署のこととなると、一人は兄に話す。兄は母親に話す。母親は父親に話す。そして父親は隣のドアまで行って、もう一人の父親に話をする。その父親は、先ほどのティーンエイジャーの母親に話す。そしてやっとのことで、当のティーンエイジャーはメッセージを受け取って、こう言います。『隣の奴は僕に一体何を話したかったんだろう?』」と。

「クライスラーでは、こんなやり方は全部やめにしようと思っている」と、グリーンウォルドは在職中に、こう説明していた。「もしきみがある工場の作業員で、仕事をやりやすくするため、一〇〇メートルほど先にいる人に話をして何か変えなければならないなら、そこへ行って直接話すんだ。上司に話してくれるよう職長に伝え、上司はそのまた上司に話をしてほしいと言い、六か月経ってもその相手の人が、こちらが変えたいと思っていることは何だか知ろうとしているようなことにしてはいけない」

ビジネスの世界でもどこでも、上手なコミュニケーションがいかに大事か、だんだんと理解されるようになっている。コミュニケーション能力というものは、人間の中にある火をともす役割に等しい。それは偉大なアイディアを実行へと転化させるものである。それはあらゆる成果を可能にするものである。

上手なコミュニケーションというのは、そんなにひどくややこしいことではない——少なくとも理論的には。コミュニケーションというのは、結局、誰でも毎日個人生活でやっていることなのである。われわれはみな、ごく幼いときからずっとコミュニケーションをしてきた。少なくとも、われわれはそうしてきたと思っている。しかし、真のコミュニケーション、効果的なコミュニケーションというものは、実は大人の世界では比較的稀なのである。上手なコミュニケーションを学ぶ方法については、取り立てて秘訣と言うほどのものはない。しかし比較的容易にマスターできるいくつかの基本的な考え方がある。コミュニケーションが成功する第一歩はここにある。次のことをやってみよう。そうすれば、とにかく第一歩を踏み出すことになる。

1 コミュニケーションを最優先する。
2 他人に心を開く。
3 コミュニケーションを受け入れる環境をつくる。

仕事のある日はどんなに忙しくとも、**コミュニケートする時間を絶対つくらなければならない。**世界にどんなすばらしいアイディアがあろうと、きみがそれに関わっていなければ、値打ちはない。コミュニケーションはいろんなやり方で実践できる。会合で、同僚との顔と顔を突き合わせての相談で、廊下を歩いているときでも、水飲み場で立ち止まるときでも、社員食堂で半時間を費やすときでも。一番重要なことは、コミュニケーションは続けなければならないということである。

ロバート・クランドールは、アメリカン航空の親会社、AMR社の社長室から廊下を歩いていったところに、大きな会議室を持っていた。月曜日にはいつも、彼はほとんど一日中そこに座って、社内のあらゆる部署の人と話をした。「昨日の朝は」とクランドールは最近話している。「上級幹部社員と、会社の三ないし四つの役職から八人か一〇人、あるときは一二人がかなり突っ込んだ分析をした」

「われわれは、自分たちが構築したこの『車軸とスポーク』方式（大都市ターミナル集中方式）が、業界が変化しつづけている現状では、経済的に持ちこたえられなくなっているかどうかを判断しようとしている。この独特のシステムは、旅行者がシステムを考案したときに世界が呈していた様相は、現在とは違っていた。このシステムの上でどのように流れていくかを調べるのには効果があった。また価格決定にも影響した。しかし結論としては、現在のところ、この『車軸とスポーク』システムが生き残れるかどうか、全然確信が持てない。だから、これを決めるのは非常に複雑なことなのだ」

「膨大なデータが必要だ。だから昨日は三時間半を費やして、さまざまな異なった観点が表明され、議論をなした。すべての人びとが相当の緊張感を味わっていた。結局、三つか四つの補足的な課題を与えて帰し、人員を派遣することにした。追加データをもって一、二週間内に集まるように言った。それからもう一度議論することになる。『われわれのしていることは間違いだろうか？　他にやれる可能性のあることはないのだろうか？』こうやって最終的に、これらのジレンマから抜け出す方法を見つけているのだ」

ここには二重の利益がある。クランドールは実務に精通している人たちから情報を手に入れられるし、彼らの方も、アメリカン航空のビジョンをつくり上げるのに力を貸すことができる。これこそ信頼関係を発展させるのに大切なことである。

コミュニケーションは、大きな会議室でしなければならないわけではない。組織における最も効果的なコミュニケーションは、一見、非公式の場面で起こるものである。ハリソン・コンファレンス・サービス社の会長、ウォルター・A・グリーンは、「ワン・オン・ワン（一対一）」と名づける手法を使っている。

「不幸にして」と、グリーンは言う。「会社には組織がある。社長がいて、何人かの副社長がいて、その他もろもろの役職がある。『一対一』方式はこれを飛び越える。これはオフレコの会話だ、普通は昼食時の。そこでわたしが会いたいと気にかけている誰かに出会う。これはちょっと立ち止まって、連中がどう考えているかを打診するチャンスだ。彼らが会社をどう思っているのか？彼らが仕事をどう考えているのか？　彼らが個人個人がどういう人間か、知りたいと思っている。彼らともっと人間的な付き合いをしたいし、彼らからも会社について質問してほしい。こういうことは『一対一』なら、ずっと簡単だ」。この対話の結果、グリーンの会社に関するビジョンは大きくなりはじめる。

J・P・モルガン銀行頭取、ダグラス・ウォーナーは、直接対話方式をこの伝統ある銀行に持ち込んだ。「われわれは文字通り、行内を動きまわるのだ」とウォーナーは言っている。「自分から出かけていって、人びとは会うんだ。事務所から外に出て、みんなの場所に行くんだ。みんながここへ来るべきだなどと威張っていないで」

週に数回、ウォーナーか彼の次長のどちらかが、モルガン銀行の三、四〇人の幹部とコーヒータイムを持つ。ウォーナー流に言えば、「眼と眼を合わせた、直接でくだけたコミュニケーション」である。モルガンのような銀行でさえも、こういう単純なおしゃべりの効用を見出すようになっている。またこの方式は、管理職クラスにも適用された。「この一環として、ざっと三〇〇人の部長が毎日、昼食会のために大きな部屋に招かれる。ニューヨーク勤務の人と海外から本社に訪ねて来ている人たちだ。そうやって毎日、事実上の円卓会議をやっている」

コーニング社の品質管理責任者、デービッド・ルーサーは、社内のコミュニケーションについて次のように語る。「わたしは底引き網方式と言っているけれど、組織の末端に降りていって、実際どうなっているかを尋ねる。何に悩んでいるのか？　何を言おうとしているのか？　どのような困難に直面しているのか？　そのためには、こちらは何ができるのか？　と」

効果的なコミュニケーションが必要であることは、事務所内部にとどまらない。それは家庭、学校、教会、さらには科学の殿堂にまで広がる。人が人と会うところではどこでも、コミュニケーションが鍵となる。

いままでなら、研究者たちは全生涯を研究所で送り、自然法則についての真理をひたすら追求するのが常であった。しかしこんな日々はもはや過去のものだ。現在のような競争社会では、科学者も人の話に耳を傾けたり話したりしなければならない。

「自分のやっていることを、効果的に伝える方法が理解できない科学者がたくさんいます」とソーク生物学研究所の傑出した教授、ロナルド・M・エバンズ博士は言う。「彼らは自分が何をしているのかわかっています。なぜそれをやっているかについても、考えていることはたくさんあります。しかし客観的な形で、研究所外に自分たちの考えを伝えるのは得意ではない。あらゆる段階において、このことは問題なのである。たとえば助成金を受けるためには、自分が重要な研究をしていることを人びとに納得してもらわなければなりません」

リー・アイアコッカがフォードではじめて仕事についたとき、彼は同様の問題を自動車の設計者や技術者に見出した。「多くの技術者たちは優れた考えを持っているのにもかかわらず、それを他人に説明するのが不得手だった。すごい才能のある奴が、自分の頭の中にあることを重役会議とか委員会で説明できないというのは、いつもながら惜しいことだ」

まさに、この基本的な人間の技術――人と話したり、彼らの言うことを聴いたりする能力――をマスターすることなしには、会社であれ、学校であれ、家庭であれ、その構成員として長くは成功を維持することはないだろう。

レビーンズ家はパニック状態だった。子どもたちは育ち盛りだったので、友だちとの遊び、誕生日パーティ、リトル・リーグの試合、体育クラス、ガールスカウトのブラウニー団（年少グループ）への参加、宗教教育――奥さんのハリエットにとっては、マイカーに子どもたちを相乗りさせての送り迎えが、数え切れないほど増えてくることを意味していた。

スチュアートは仕事を愛していたが、自分の意志に反して、家族といっしょにいる時間を取り上げるつらい出張があった。それで、ハリエットはジェスとエリザベスという二人の子どもとともに、家に残された。しかし子どもたちは日に日に自立していった。「ジェスとエリザベスとは、テレビを見る時間が長すぎたのです」とハリエットは回想する。「あの子たちはほとんど本を読みませんでした。わたしたちには話をする時間はほとんどありませんでした」

しかし状態がどうしようもなくなる前に、ある夜、レビーンズ家全員が集まって、ある計画を立てた。家族会議をしよう、と彼らは決めた。毎日曜日の夕食後、台所のテーブルのまわりに集まり、穏やかに、心に何でも思っていることを語るのだ。「この考えのよかったことは、家族間のコミュニケーションのために、たとえ何があっても、必ず毎週定期的に話をする集まりを持つということでした」とハリエットは説明している。

家族会議では大小さまざまな問題を取り上げた。子どもたちはテレビを見る前に三〇分読書をしているか？　スチュアートはサッカーゲームに間に合うように出張から帰るつもりがあるか？　ハリエットはいつになったら同じチキン料理を出さないようになるか？

この集まりのあとで、子どもたちには毎週のお小遣いが与えられることになっていた。

「全員が参加することになっています。そしていままで誰も文句を言われることはありません。みんなが本当のことを話している限りはね」

マネジャーが陥りやすい最大の誤りは、すべてのよい考えは自分たちから出ると思い込むことの他に、コミュニケーションは本質的に双方向であるべきだということを理解していないことである。自分の考えを人に話し、そして人の考えに耳を傾けなければいけない。それが第二段階である。**他人に心を開こう。上司、部下を問わず、同僚にもである。**

ローマの劇作家、プブリユウス・シリュスは、人間の本質に関わるこの事実を二〇〇〇年前に認識していた。「われわれが人びとに関心を持つのは、その人たちがわれわれに関心を持つときだ」とシリュスは記している。

もしこちらが同僚に対して、彼らの考えを受け入れる用意があることを示すことができれば、彼らももっとこちらに対して耳を傾けるようになり、こちらの知りたがっていることについて、正直に話してくれるようになるだろう。会社の将来を気にかけていることと同じくらい、彼らのことも気にかけていることを示すがいい。そして、この関心の範囲を同僚に限ってはいけない。この同じ真摯な関心を取引先や顧客にも広げるのだ。

マーチャント・バンカーのトマス・A・ソーンダーズ・ソーンダーズ三世は、ソーンダーズ・カープ社で、顧客資金を投資する成長企業を捜し出す仕事をしている。彼は企業の掘り出し物を見つける専門家である。ソーンダーズに最も重要な関心を与える会社は、顧客との真のコミュニケーションの仕方を真に備えている企業である。

彼は最近、ルイジアナ州のラファイエットにある宝石卸会社を訪問した。彼は一日かけて会社の施設を見てまわった。しかし、ソーンダーズが第一級のコミュニケーションによって成果が上がっていることを確認したのは、なんとテレビ・ショッピング室にいた、たったの五分間だったのである。

「彼らは得意先と、電話でとても効率よくやりとりしていた。サービスの質はきわめて高かった」とソーンダースは言っている。「彼らは失敗することなんてなさそうだった。つまりこんなふうに、てきぱきやっていた。電話が鳴る。『……これがご入用ですか？……はい、それなら在庫がございます……二点ですか……三点ですか。結構でございます……はい、かしこまりました……いいえ、それは在庫切れのため、お取り寄せが必要でございます……代わりのものをご紹介させていただいてよろしいでしょうか？……はい、それではカタログの六〇〇ページをご覧いただきますと、見本がございます。これなら在庫がございまして……』、と一気にやりとりがあって、『どうもありがとうございます』。一五秒で終わりだ。とても信じられない」電話は平均して一五秒。そして平均的なお客はワクワクして電話を切る。こんな企業に投資したがらない者がどこにいるだろう?

会社の組織を昇りつめてきた人たちはとくに、取引先や同僚から孤立しがちである。しかし、いかに高い地位に昇進しようと、コミュニケーションはやはりあらゆる方面に繰り広げなければならない。話すこと、聴くこと、命令系統の上から、下から、そしてまわりから。

ロナルド・レーガン元大統領は、理由もなく「偉大なコミュニケーター」と呼ばれたわけではない。長い政治生活を通じて、彼は自分が奉仕する人びとの話を聴き、話しかけることを重要だと考えていた。大統領になってからも、彼は自分の選挙区民からの手紙を読みつづけた。ホワイトハウスの秘書たちに毎日午後、手紙の束からとくに重要と思われるものを選びださせたものだった。夜にはそれを居室に持っていき、自分で返事を書くのが常だった。

現大統領のビル・クリントンが、市民会議の模様をテレビ放映させるのも同じ目的からである。それで人びとがどのように考えているのかを知り、またこちらが人びとを気にかけていることを知ってもらうのだ。たとえ持ち込まれてくる問題のすべてを解決できないにしても、そこにクリントンがいて、関わりを持ってくれ、彼自身の考えをはっきりと言ってくれるではないか。

こんなことは昔からなされていたことだ。エイブラハム・リンカーンも一世紀以上も前に、同様のやり方をしていた。あの時代には市民は誰でも、大統領に直訴できた。ときにリンカーンは返事を書くために、補佐官に代わりに返答してもらうこともあったが、たいていの場合、直訴した人に自分で返事を書いたものである。

こんなやり方については批判もあった。戦争の最中に、そして国家を救わねばならないときに、なぜそんなことにわずらわされるのか？　それはリンカーンが、民衆の意見を理解することが大統領としての本質に関わる部分であると考えたからであり、またそれを直接自分が聞きたいと望んだからであった。

フォードの北米生産販売担当重役、リチャード・L・フェンスターマッハーは、このような考え方の強固な信奉者である。「わたしの部屋のドアは開いている」といつも言っている。「もし廊下を歩いていて、わたしがそこにいるのを見かけたら、ただ『こんにちは』と声をかけるためだけでも、立ち止まってくれたまえ。もしこちらの考えを引き出したければ、そうするんだ。部長を通さなければ、などと考えないで」

しかし、こんな気楽な相互作用が偶発的に起きるものではない。そこで第三のルールが登場する。

「コミュニケーションしやすい環境をつくり出す」

これは人とコミュニケーションをするときの基本的な要件である。真の信頼と共通の利害関係が確立されていない限り、自分の考えを言いたがらないし、相手の言い分を心から聴こうとしない。あなたはこのことを真剣に考えなくてはならない。コミュニケーションについて、ほんとうにどう考えているのか、心を開いているかどうかは、どんなことを話そうとはっきりとわかってしまう。「その人が取っつきやすい人かそうでないかは、すぐにわかります」と、オリンピック体操選手のメアリ・ルー・レットンは言っている。

「このことがわかったら、言葉以外のコミュニケーションとボディ・ランゲージで、その人の言うことが読めます。誰かが隅っこに立って『ねえ、僕に話しかけないで』と言っていたら、わかるでしょう」

そういうことにならないようにするには、どうしたらいいだろう？　心を開くこと、人びとが好きになるようにすることである。そしてそのことを、みんなに知らせる。レットンの助言に従おう。「ありのままで控え目であることが、とても大切なんです」と彼女は言っている。「ただみんなに気楽にしてもらうようにするだけです。すべての人は対等で、同じ立場にあると思います。会社の社長であろうと、セールスマンであろうと。仕事の内容が違うだけです」。人を受け入れる環境をつくり出すとは、まさにそれだ。人を気楽な気持ちにさせるということなのだ。

昔はもっと簡単にそれができたものだ。テレビのアナウンサーで、以前にニューヨーク・ヤンキースの選手だった大ジョー・ギャラジオラは、選手とファンの間に、一対一の付き合いがどれほど多かったかを思い出す。「グラウンドを離れて家に帰るときは」と彼は言う。「何時間か前にはスタンドにいたファンたちと、いっしょに同じ地下鉄に乗ったもんだ」

「ファンの一人が『おい、ジョン。どうしてあの三つ目のストライクを振ったんだ？　どうして見逃さなかったんだい？』などと言うことも稀ではなかった。いまではファンと選手の間にこんな個人的な関係はない。あるのはただ、選手が六〇〇万ドルとか七〇〇万ドルとかの契約にサインしたかどうかを読むだけの関係だ」

高性能の集積回路メーカー、アナログ・デバイス社の会長レイ・ステータは、個人的関心の重要さを、友人で長らくボストン・セルティックスの社長職にあったレッド・オーエルバックから学んだ。

ステータは回想する。「リーダーシップについて話すとき、彼はいつもこう言ったものだ。『わがスタッフ全員が大好きなんだ』。彼はそれをリーダーシップの真の前提条件と見なし、みんなにもそれを知らせなくてはならない。そのようにして、その日の終わりになって、こちらが彼らの幸福に配慮していることを心から信じてもいるような環境にあるなら、そのときこそこちらは、彼らにとってもっとためになる関係をつくり出せたと言えるだろう」。そうなったときにのみ、コミュニケーションにふさわしい基盤が準備されたと言えるだろう。

しかし、何の苦労もなしに、こんなことが起こると期待してはいけない。

数年前コーニング社のデビッド・ルーサーは、会社が開始しようとしている品質改善計画を受け入れるよう、組合代表に説得を試みていた。彼は、自分ではとても説得力があると考えたやり方で、品質改善の重要性について説きつづけた。この計画は経営者にとっても労働者にとっても生活を向上させることになると、ルーサーは組合員に約束した。しかし代表は、ルーサーの言うことをひと言も信じようとしなかった。

ルーサーは述懐する。「彼は立ち上がってこう言った。『ちょっと待ってくれ。ばかげた話だ。それはペテンだ。他の与太話よりはましだが、しかしペテンだ。とにかくあんたがやろうとしていることは、労働者をもっと搾り上げようということだけなんだ』」。彼らの話し合いは続く。「彼はちょっとだけ話に乗ってきた」「でも結局、彼を説得できなかった。それで、こちらのやり方では信頼を得ることはできないと結論を出した。ただできることは、こちらが信頼に値することを示すだけだった。そこで言った。『来年も、この提案を持って来る。次の年にも、またその次の年にも、ずっと同じ提案を持って来るよ』」。そしてルーサーはずっとそうしつづけた。

彼の提案が相手に理解されるには、数年を要した。はじめは、もっと小さないくつかの問題で、彼が信用できる人間であることを示す必要があった。また、組合側の懸念にも聞く耳を持っていることを示さなければならなかった。ついに、ルーサーはその提案が受け入れられるまで辛抱した。そして組合は、品質改善計画における真のパートナーになったのである。

最後にもう一つ、心に留めておくべきことがある。**ひとたび誰かが、リスクを冒して自分の考えを言ってくれたときには、その率直さを罰してはならない。相手を落胆させて、二度とふたたび、コミュニケーションをする危険を冒したりはすまいと思わせるようなことは絶対にしてはならない。**

「もし従業員から、こちらが同意できないような提案があったとき、できないと言う言い方には相当の気配りが必要である。格別の配慮が必要だ」と、ニューヨーク生命保険会社の財務責任者、フレッド・J・シーバートは言う。「彼らを励まして、またこの次の機会に別の提案をするようにしたいものである。スタッフには、一〇〇回のうち九九回まではきみたちの意見に賛成しないかもしれないが、懲りずに提案してほしいと言っている。そのために給料が支払われているることを知ってほしい。一〇〇回のうち、その最後の一回というのがほんとうの値打ちがあるのである。その他の九九回の提案に賛成できないからといって、彼らの能力があまりないと言うつもりは毛頭ない」

一〇〇回に一回。それはあまり大したことではないかもしれないが、大好運の起こる確率はもっと小さいのだ。だからこそ、いろいろな考えを聞いたり話し合うことが、非常に大切である。つまり、コミュニケーションとは馴れであり、そして技でもある。それは多くの人が考えている以上に決心し、実行してみる価値のあることなのである。自分の考えを率直に話して、ときには個人的な弱点を見せてしまうこともある。人と話し合ったり、人に自分と話し合うように頼む。そうすることはいつも容易だとは限らない。そのために苦労もするし、時間もかかる。常にそのやり方を身につけるようにし、それを実践しなければならない。だが信じましょう。実践こそがそれを完璧に、あるいはほとんど完璧にするのだからと。

クオ・チ・ツーは台湾の首都台北の首席検事で、非常に説得力のある講演者である。しかしグループの前では、昔からそのように楽に話ができたわけではなかった。若い検事として頭角を現しつつあるとき、チ・ツーはよく地域の団体から講演を依頼された。しかし彼は、ロータリー・クラブもライオンズ・クラブも断わった。青年会議所も断わった。多くの人がそうであるように、彼も人前で話をする想像をしただけで、恐れをなしたのである。彼は講演の依頼を全部断わった。「たとえ会合に出ていたとしても」と彼は思い出して言った。「いつも一番隅の席を選んで、ほとんどひと言も発言しなかった」

彼はこのように恐れをなしていることが、自分の昇進を遅らせているとわかっていた。不安のあまり、夜も眠れなかったことは言うまでもない。彼は何とかして、自分のコミュニケーション上の問題を解決しなければならないということは知っていた。

その後、ある日チ・ツーは母校の高校での講演に招かれたが、これこそ自分にとってチャンスだと気づいた。彼は何と母校や在校生、卒業生らと強い絆を持つよう、何年も努力をつづけてきていたのである。彼が信頼でき、また彼の言いたいことを胸襟を開いて受け取ってくれるような聴衆があるとすれば、まさに彼らこそそうであった。

そこで彼は講演に出席することを承諾し、できるだけの準備をした。念入りにテーマを選んだ。それは自分が熟知していて、また深い関心を注いできたものであった。つまり検事という彼の職業についてだったのである。実生活の経験にそって、話を構成した。暗記はしなかった。一言一句原稿にすることもしなかった。彼は講堂の前の方に歩み出て、ちょうど友人でいっぱいになった部屋で話しているつもりで話をした。

講演は大成功だった。演壇から、聴衆の目が自分に釘づけになっているのを見ることができた。自分の冗談を聴いて、どっと笑うのが聞こえた。聴衆の温かさと励ましを感じることができた。そして彼が話し終わると、学生たちは一斉に総立ちになり、盛大な力強い拍手を贈った。

チ・ツーはその日、コミュニケーションに関するある重要な教訓を学んだ。よいコミュニケーションには、ある程度の率直さと信頼のできる環境とが、どれほど重要であるかを。コミュニケーションが成功したときには、どのような利益をもたらしうるものかを。しかもチ・ツーは、その段階に留まらなかった。彼は台北で講演者として、大変な人気を博するようになり、そしてほどなく首席検事昇進したのであった。

彼はついにコミュニケーションを学んだのである。

コミュニケーションは信頼関係の上に築かれる。

3 やる気を起こさせる

子どものときから、アンドリュー・カーネギーは人が自分の名前を驚くほど大事にしていることに気づいていた。一〇歳のとき、彼は父兎と母兎を飼っていたが、ある朝目覚めると、小屋は赤ん坊兎でいっぱいになっており、何も食べさせる物がなかった。彼はどうしただろうか。そう、彼には名案が浮かんだ。彼は近所の少年たち六人に、もし毎日出かけて行き、タンポポと野草とクローバーを兎に持ってきてやってくれたら、兎に彼らの名前をつけようと言った。この計画は魔法のような効き目があった。ここにこそ、この話のポイントがあるのである。

アンドリュー・カーネギーはこのときの出来事を忘れなかった。後年、彼はビジネスで同じ手法を用いて何百万ドルも稼いだ。彼はペンシルベニア鉄道に鉄道レールを売りたいと考えた。当時、ペンシルベニア鉄道の社長はJ・エドガー・トムソンだった。そこでアンドリュー・カーネギーはあの兎から得た教訓を思い出して、ピッツバーグに巨大な製鉄所を建設し、それをJ・エドガー・トムソン製鉄所と名づけた。

さてここでひとつ質問させてもらいたい。こういうことがあったあとで、ペンシルベニア鉄道が鉄道レールを必要としたとき、J・エドガー・トムソンはどこでそれを買ったと思いますか。

デール・カーネギー

ポール・ファイアマンは、ほんとうにやる気を持っている労働力を必要としていた。リーボック・インターナショナル会長、ファイアマンは思いきり大胆な約束をした。それは二年以内に販売占有率においてナイキを追い越すと宣言したのである。

ファイアマンは、従業員を買収したり、脅迫したり、おだてたりしたわけではない。彼は従業員にやる気を起こさせたのだ。彼は自ら進んでリスクを負うということを従業員に示し、彼らにもそうするよう励ました。革新的な製品開発計画をつくり、そのための十分な資金の手当てをした。リーボックのCMタレントとして世界でトップクラスのスポーツ選手を起用するのに、どれだけかかろうとも金は出すと誓った。ファイアマンは四六時中、新しいリーボックのビジョンを語り、それを生きたのである。

「巻き込まなくてはいけない」と彼は説明する。「これは人に強要できるものではない。人に『行け、進め、これをやれ』などとは言えないだろう。こちらの考え、こちらのビジョン、こちらの夢、こちらのファンタジー、こちらのやっていることに時間を十分かけて、彼らを乗せることだ。彼らを巻き込むようにすることだ。それには時間もかかるし努力も要る。絶えずその努力を補強しつづけなければならない。しかし命令ではなく、巻き込むのだ」

「もし一人を巻き込んだら、それで一人変身させたことになる。こちらが相手を変えたら、相手は一〇人巻き込むようにする。そうすれば、さらに一〇〇人を巻き込むことが可能になる。みんなはわたしの目標が到底達成できないようなものと考えていた。しかし二日、三日、五日、一〇日、二〇日、三〇日目も、それを追いかけていると、それは口先だけのことではないとわかった。つまりそれは一つの生き方なのだと」

「古いカウボーイ映画のようなものだ。主人公は悪党に最後の戦いを挑み、ヒロインを救い出す」、というのがファイアマンの説明だ。「主人公は白い馬に乗っている。彼に続くもう一人の若者がいる。右手からまた一人が加わる。それから左手から一〇人以上が加わる。三〇秒後には七〇〇人が馬に乗って走っていく。土煙が舞い上がる。そして最終場面へとなだれ込むのだ」

「みんなを呼び集めて、『おれと一緒にクリーク河を渡ってくれるかい？』と、みんなの意見を聞き終わるまで、もたもたしていてはだめだ。いっしょに来たがるようにするのだ。馬に乗れ。進むんだ。そして誰でもいっしょに来る者をのみ込む。音楽が湧き起こる。目的地に到達したときわかるだろう。たとえ必要なのが七〇〇人だろうと九〇〇人だろうと、肝心なのはこちらが馬に乗って、すでに進んでいるということだ。彼らもいっしょに馬に乗っていきたがっているのだということだ」。彼らをいっしょに行かせるようにしなければならないということである。

こういう感情を育むのが、リーダーの仕事である。「われわれは一体だ」「われわれはチームの構成員なのだ」「われわれは価値のあることをやっているのだ」「われわれが最も優れているのだ」。こういう感情こそが真のやる気が育つ土壌である。

そう、誰だって給料を、年度末の賞与を、株を持つ権利を、そしてすばらしい報償制度をほしがっている。しかし本当のやる気は経済的な動機からだけで起こるものではなく、また首になる恐れからでもない。給料のためだけに働き、それを好きでしているわけでもなく、あるいはそれに生きがいを感じてもいない連中というものは、給料を得るのに必要なだけの働きしかしない。恐怖というものも同様に、動機としては薄弱である。これをベースにしてやってきた企業は、恨みたらたらで、ただボスを利用することだけを考えている従業員を抱える結果になるだろう。

「この世の中で人に何かをしてもらうには、ただ一つの方法しかない」とデール・カーネギーは言っている。「それは人に自らそうしたいと思わせることだ。他には方法はないということを覚えておこう」

「もちろん」とカーネギーは続けて言う。「拳銃を脇腹に突きつけ、財布をこちらによこすようにさせることはできる。従業員を首にするぞと脅しつけて、協力させる――こちらが見ている間は――こともできるだろう。殴ったり脅したりして、子どもに言うことをきかせることもできるだろう。しかしこのようなひどいやり方は、好ましからざる反応を生み出すだけだ」

それでは人びとは、ほんとうは何を望んでいるのだろう？　「それは大して多くのことではない」とカーネギーは言う。「健康と安定生活。食べること。寝ること。金と、金で買えるもの。将来の生活。性的満足。子どもたちの幸福。自分が重要視されているという実感」

「こんなものは、普通ならほとんど全部満たされる。ただ一つを除いては。すなわち食べることや眠ることへの願望と同じくらい深く、逆らいがたいもので、それはフロイトが偉大でありたい願望と呼び、デューイが重要な人間になることへの願望と呼んだものを除いては」

人に、真の意味での目的意識と価値があり、しかも双方にとって重要な目標に向かって仕事をしているという実感を持たせなければならない。そこからこそ、真のやる気が生まれる。単に作業を終わりまでやるというやる気ではなく、人並み以上のことをするためのやる気が生まれるのである。

だから人びとを認め、仲間に入れることだ。彼らを力づけ、鍛え、意見を聞く。賞賛し、ものごとについて決定させる。彼らと手柄を分かち合おう。彼らの助言を求め、できればそれに従う。彼らが自分にとって、ほんとうに重要な人びとであることを知らしめよう。危険を冒すのを激励しよう。彼らが自分たちが適当と思うやり方で働くようにさせ、彼らの能力への信頼感を、彼らにまかせることで表明しよう。

つまりこちらが信頼し、尊敬し、気にしていることを示すのである。そうすれば、やる気のある連中が集まってくる。

ビル・ゲッパートが言うように、「部下に心を配れ。そうすれば仕事は自然にうまくいく」のだ。ゲッパートはニューオーリンズのコックス・ケーブル社の総支配人で、三〇〇人の従業員を部下に持つ立場にある。その中にブライアン・クレモンズという若い組立技術の専門家がいた。彼は郊外のジェファーソン郡でコックス社に勤務していた。

クレモンズは休暇の日の朝、たまたま家庭用品店に材木を買いに立ち寄った。材木を切ってもらうのを待つ間、一人の男がコックス社への不満を言っているのを耳にした。その男が喋っていると八、九人が集まってきて、ケーブルテレビの欠陥についての話を聴いていた。

「ブライアンには、その日たくさんすることがあったはずだ」と、後に、ゲッパートはその後に起こったことを思い起こしながら言った。「彼は休暇中だった。しなければならないことがあったし、奥さんは彼の帰りを待っていた。そこで話されていることなんて知らん顔をして、自分の用だけを済まして、そこから立ち去ることだってできたのだ。そこでブライアンが一体何をしたのだろうか？　ブライアン・クレモンズはその客に近づいていって、こう言った。『お話していらっしゃるのをたまたま耳にしました。わたしはコックス社の者ですが、お困りのを修理させていただけませんでしょうか？　ええ大丈夫です。きちんと直して差し上げますから』」

「そこに居合わせた八人の表情は容易に想像できる。彼らはびっくりした。ブライアンは会社の制服は着ていなかったが、公衆電話で事務所を呼び出し、その男の家に修理班を派遣させた。修理班は客が帰宅すると同時に到着し、客の満足がいくまで事態を改善した。実は後にわかったことだが、ブライアンはさらにそれ以上のことをやっていた。彼は出勤すると、客にそれで満足したかどうかを確かめていた。自分の責任において二週間の保証をした上、不便をかけたことに詫びを言ったのだ」

珍しいことだろうか。会社によっては、こんなサービスは聞いたこともない。従業員がこんなにまで自分の責任として仕事をするなんて。自分の担当でもないことに首を突っ込むなんて。自分の休暇を、そんなことに「浪費する」なんて、まあ、あり得ないことだ。しかしゲッパートは、こういう姿勢をコックス社の職務基準とするために努力してきたのだ。彼は従業員に、コックス社は自分たちの会社で、その成功が自分たちの成功をもたらすということを理解させようとしてきた。

「さてこれは、常識の輝かしい閃きというものかもしれない」とゲッパートは言っている。「しかしこういうことこそ、みんなが仕事に取り組んで実践してほしいと思っていることなのだ」

それでは、従業員にこのように強制的に仕事に取り組むようにさせるには、どうすればよいのだろう？　その答えは、できないということだ。特別なことをするように強制することなどできない。彼らが特別なことをするのは、自分たちがしたいと思うときだけだ。問題は、彼らに自らそうしようと思うような理由を与えることだ。

「行為というものは、基本的に自分がそうしたいと欲していることから始まる」と、ハリー・A・オーバーストリートは彼の不朽の名著『行動を起こさせる *Influencing Human Behavior*』で述べている。「説得力を得たいと思う人への一番いい助言は、それがビジネスであれ、家庭であれ、学校であれ、政界であれ、『まず人に強い欲求を起こさせることだ。これができる人は全世界を手にする。できない人は一人淋しく歩む』」。オーバーストリートの見方は、今日でも真理である。

デービッド・マクドナルドは、米国西海岸で業績を上げている保安設備会社、ペルコ社社長で、自らの意欲的な姿勢を教え込むというすばらしい仕事をやってのけた。彼は従業員を敬意を以て扱っている。彼は従業員たちが信じ得る労使共通の価値観について、彼らに伝えている。従業員たちに仕事のやり方についての決定権を与えている。その結果は驚くほどすばらしいものであった。

「販売部門にビル・リーズという従業員がいました」とマクドナルドは言う。「金曜日の朝に、シアトルの得意先から電話がありました。電話をしてきた男はかっかとしていました。彼は何か月も前に、非常に重要な取り付けのために特製の保安設備を――わたしの見るところでは船会社だと思われる――こちらに発注したと思い込んでいたのです」

「取り付けが終わりに近づいたとき、得意先の従業員はペルコ社の装置がないことに気がつきました。最初から注文していなかったことに気づいたのです。その仕事は翌日、つまり土曜日に完了しなくてはならず、できなければ多額の賠償金を支払わなければなりませんでした。彼はどうしたらいいのかわかりませんでした。この装置を供給できるのはペルコ社だけなので、彼は朝早くビルに電話してきたわけです。でもそれは、受注してから製造する数少ない特注品の一つでした。在庫はありませんでした。それに取り付けには社内備え付けの特殊なハンマーが必要だったのです。ビルは電話を受けると、できるだけのことをしましょうと言いました」

「ビルは工場へ行き、生産管理行程をすべて飛び越すことにしました。彼はまったく最初から製造を始め、全員にこの仕事に当たらせました。この注文は全部で一五個でしたが、彼はこのプロジェクトを大至急するように、製作部門に持ち込みました。しかしそのとき、組み立てのときまでにカメラを入手する予定はありませんでした。そこでロサンゼルスの仕入れ先に連絡を取り、カメラ一五台ができあがり次第ロサンゼルスから、空港の受付から受付に持ち運ぶよう手配しました。彼は電話を置くやいなや、それらを空港に届けさせました。カメラは数時間後にはフレズノに到着し、そのとき彼はそれを受け取るために空港におりました。ビルはカメラを受け取るやいなや組み立てて、それを機器に取り込みました。それが組み立てラインに到着したのは、空港へ持ち込まなければならない時刻のたった一五分前でした」

「ビルはすでにユナイテッド航空に連絡して、サンフランシスコ便にこの製品を乗せるためスペースを確保させていました。そしてシアトルの得意先に、それを直接届けるようにしておいたのです。そうしてから、ビルは他の連中といっしょに、この荷物を空港へ持っていきました。ところがその間に空港勤務員の交替があり、ビルが話をつけた勤務員はおりませんでした。替わりの男は何が起こっているのか全然知りませんし、彼とビルは大口論になりました。そのうちに、男は肩ごしに見て言いました。『もうどっちでもいいよ。もう遅すぎるから。ほら、飛行機がもう動きはじめている。ゲートからバックしはじめている』」

「こんな事態になっても、ビルは諦めませんでした。彼はユナイテッド航空のターミナルをタラップまで走っていきました。そのときすでに飛行機は自力で滑走路へ移動中でした。ビルは飛行機に追いつき、その前方にまわりました。パイロットが気がつきました。737型ジェット機でした。飛行機は止まりました。パイロットはすんでのところで——そう、どうなるところだったか、おわかりでしょう。彼らは飛行機をゲートまでバックさせました。そして結局、ビルは製品を積み込むことに成功したのです。取引先は夕方遅くシアトルで現物を受け取り、翌日、取り付けを終えました」

マクドナルドの回想によれば、突発事件をさらに印象づけたのは、「この間ずっと、上司に指示されてなされたものなどは、何一つなかったことでした。上司は、このことがすっかり結着するまで、何が起こっていたのか全然知りませんでした。こちらから人に、このようなことをさせることはできません。彼らがそうしようという気を起こさせなければならないのです」

人が何かをやり遂げようという気を起こすのは、自分がこの組織の重要な一員であると感じる場合だけである。これこそ従業員が尊敬され、会社のビジョンが分かち持たれなければならない理由である。これこそ、人びとが仕事の中で賭けるべきものを持つ必要がある理由である。これこそ成功が報われ、賞賛され、表彰されなければならない理由である。そしてまたこれこそ、失敗に対して慎重に扱われなければならない理由である。以上のことを実行しよう。そのうえで結果が現れるのを見守るがいい。

この考えは何も新しいことではない。ドワイト・アイゼンハワーはかつて、うるさい議会を乗り切る秘訣を尋ねられた。元将軍は、軍隊の規律や「力は正義なり」流の大統領権限を披露しただろうか？　それをほのめかしもしなかった。彼は説得力について語った。「人は頭を鞭で打って連れていくことはできない」と彼は言った。「それは攻撃であって、リーダーシップではない」

アイゼンハワーは付け加えた。「むしろ、こちらの言うことを真に納得してもらうようにするね。というのは、いったん相手が納得してくれたら最後までやり遂げてくれるからです。もしこちらが相手を脅かしたら、相手は脅かされている間は聞くだろうけれど、その後は彼は離れていくであろう」

説得力の重要性は、今日ほど大切なことはない。アップル・コンピュータはこのことを理解したのだった。コーニング社もそうだった。その他の、うまく行っている会社のほとんどがそうだ。自分たちがいましていることに関心を持ってもらうこと。そして、それをほんとうに彼らの関心事とすること。そうすれば、彼らはさらにもっと働くことだろう。

このような基本原則がひとたび認識され理解されたならば、やる気を起こさせる具体的な方法はいくらでも考えられる。しかしその根底には、人間行動に関する三つの重要な考え方が存在する。

1　従業員はあらゆる段階で、そしてすべての工程において関与させられなければならない。ここでの鍵はチームワークであり、上下関係ではない。

2　人は個人として扱われなければならない。常に彼らの重要性を認識し、彼らに敬意を示そう。彼らは第一に人格を有する人間であり、従業員であるのはその次のことだ。

3　よい仕事がなされたときは励まし、そしてそのことを認め、それに報いなければならない。誰でも彼らが期待されていることを知れば、それに応えるものだ。もし彼らが真に有能で賢明な人間として扱うならば――そして口端をはさまなければ――彼らはまったくそのように振る舞うであろう。

人びとを仲間に入れよう。伝統的な大企業では、人は多少なりとも疎外されているように感じることがよくあるものである。各人は単なる一番号にすぎず、何千人かのうちのただの一人で、巨大な会社の組織の一歯車にすぎない。処遇に不満を持ったり、病気で出勤できないと電話をかけてきたり、仕事をしているより休憩時間を多く取るような従業員については、よく聴かされてきたし、文字通り何百ものたとえ話がある。もし従業員がそんなふうに感じているなら、そんな会社のリーダーの指導はなっていないと言わざるを得ない。会社の目標が従業員自身の目標になっていない。こんな状況にある会社が成功するはずはない。

今日では成功しているリーダーは、仕事のすべての段階、すなわち設計、製造、在庫管理、販売に従業員を関与させている。リーダーは従業員にチームをつくるのであって、上から命令を発したりはしない。リーダーは、実際に仕事に当たっている従業員がいろいろな決定をなしうるということがわかっている。実際の意思決定に関与している従業員の方が、関与していない従業員よりもたしかに事態によく対応できるのである。

アメリカン航空は、浮沈の激しい業界にあって最優良企業と一般には見なされているが、一種の合意による経営を制度化している。会長ロバート・クランドールの説明によれば、「これだけの規模の会社全体の方向が、少人数のグループの意志によって動かされるというのはナンセンスだ。そんな会社もおそらくあるだろうが、わたしはそうは考えない。ほとんどの場合、ある判断への合意をもとに動いている。最終的には常に代表取締役が決定を下し、そして、その結果に対して責任を負わなければならない。しかし、わたしは解決法を命令するというよりも、むしろ選択肢を探し出し、グループメンバーの合意形成に努力している」

ボードルーム・レポート社社長、マーチン・エデルストンは、業界紙発行の会社を同様の方法で――常に六五人の従業員からの提案を引き出して――経営している。

「会社内を歩いてみれば、おわかりでしょう」とエデルストンは言う。「ここにいる誰一人としてロケット研究者ではありません。みなごく一般的な、普通の人びとです」。それではどうして、そんな「普通の人びと」がこういう「例外的な成果」をもたらしたのか。「会議をもっとおもしろくするために、二つの提案を出すよう言ったとします」と彼は説明した。「そこで想像可能なあらゆるテーマについて、何千ものアイディアを手に入れたわけです」

すべての会社の従業員は、継続的な改善のための、日本の改善方法に手を加えた提案制によって動かされるのである。「わたしがよりよい仕事をするため、二つの方法を提案したとします。何か提案してくれたら褒めてあげます」とエデルストンは言う。「それが実行されれば、相手はまた心から満足するだろう。翌週にまた、さらにもう二つの改善の方法を教えてくれと頼む。それから、翌々週にもう二つだ。そうこうしているうちに何かが起こる。六五人を取り込み、彼らを偉大なる人物とさせたのだ。いまやわが社は、一人当たり一〇〇万ドル以上に相当する仕事をしている」

スティーブン・ジョブズとスティーブン・ウォズニアックはアップル・コンピュータの経営陣を構成するとき、やはり上下関係にこだわらないという組織を採用した。彼らは誰が上司になるかということに、あまり関心を持たなかった。ピーター・O・クリスプは、ベンチャー・ビジネスへの投資会社、ベンロック社の共同経営者で、アップル社初期の支援者だが、創立者たちの異色の経営スタイルを思い出すと、いまでも微笑みが浮かぶ。「彼らはこう自問したものです。『この装置にはいくつか電子部品があって、同じものが大量に必要になる。それも廉価できわめて信用のおけるものを製造しなくてはならない。この条件に合う業者は、国内ではどの会社になるだろうか』」

ヒューレット・パッカード社、というのが彼らの結論だった。「ジョブズとウォズニアックはそこで、ヒューレット・パッカード社の製造担当副社長を雇うことにしたのである。

「彼らはヒューレット・パッカード社の副社長に連絡をとろうとしました」とクリスプは言った。「もし駄目だったら、その補佐は誰か調べるか、あるいはヒューレット・パッカード社のどの工場が一番うまくいっているかを調べたでしょう。彼らはそこで製作担当者を調べて、その人を雇用することを考えた。この人たちに気前のいい報償金を報酬として提示しました。そうやって彼らは一人の経験豊富な男の関心をひきつけました。しかもそのとき彼らは、『こちらが何をなすべきか言ってほしい』。こうして、アップル社の人びとは、新しい仲間がプランを実行に移すのを助けたのです」

クリスプは回想する。「彼らはこんなふうにマーケティング担当や製造担当と人事担当を雇用しました。人種も問いませんでした。ご存じの通りスタートの時点では、創立者は研究部門の責任者です。こういう場合には、経営部門の責任者を雇うのは気が進まないかもしれません。自ら蓄積したものや自らの権威を譲りすぎて、いつしか自分に対抗することになるような人材を持つことを好まなかったかもしれません。起業家というものは、自分が手にしているものを手離したがらないものです。しかし彼らの場合はまったく正反対でした。つまり『よし、行こう』だったのです」。そして彼らは、外部の人びとを自分の会社にどんどん雇用して前進していった。

アップルのような成果をおさめるには、第二の法則に従わなければならない。従業員たちに関心を持つこと、彼らにこちらが関心を持っていることを知らしめることである。**人間を人間とし**

て処遇すること。これがやる気を起こさせる二番目に基本的な考え方である。

「社員に対して丁重に、また敬意をもって接すること」と、ペルコ社のデービッド・マクドナルドは語っている。「惜しみなく従業員に投資せよ。しかしこれが自動的に新しい利潤を生むと期待してはならない。むしろ新しく強化された人間関係を十二分に活用して、社員に対する新しい最も進んだ期待をするがいい。それが顧客に対する特別なサービスになり、やがてはより大きな利潤を生み出す」

挨拶と微笑みを心がけよう。従業員を知るよう努めよう。「家族のように扱うべきである」と、フォード・ホワード社の完全持株会社ハーモン・アソシエイツ社社長、ジョイス・ハーベイは言っている。「自分はやろうとしないことを、人がやってくれるだろうと期待してはいけない。彼らを真剣に気づかうのである。そうすれば、同程度の敬意を返してもらえるだろう」

ハーベイは続けて言う。「わたしの前任者は、いつも事務所に一枚のチャートを持っていた。それを裏返すと、ここで働いている全従業員のことが記されていた。全員の名前と家族を知っている。何が起こっているかも知っていた。彼は工場を歩きまわって言ったものだ。『やあ、ジョー』『やあ、サム』『やあ、メアリ』。自分が気にかけているということを、彼らに知らせたのだ」。こんなやり方は古くさいかもしれないが、今日ではむしろそういうことがいっそう大切なことである。

やる気を起こさせる三つめの基本的な考え方は、他の二つと同様に重要である。それは「**仕事がうまくいったときには、それを認めてあげる**」ということである。わたしたちの親の多くがそうであったような、口数の少ない、ほめることの下手な親であってはならない。親たちは子どもが通知表にAをもらってきても、ほめてはくれなかった。間違いなく子どもたちは期待していたのに。それでどんなにがっかりしたか、覚えているだろう？ そうだ、いまでもがっかりしている。わたしたち一人ひとりのうちには、まだ小さな子どもがいて、やはりほめられるのを待っているのだ。だから忘れてはいけない、立派に仕上げたときには、そういってほしい。惜しみなく賞賛のことばをかけよう。

単純に成功を表彰するテクニックなら、いくらでも方法がある。コックス・ケーブル社でビル・ゲッパートは、それぞれ最高の方法を使っているようだ。

「集会をするんです」とゲッパートは言う。「月例会の合間に寸劇をします。言いたいことを強く印象づけ、目標や到達点を仲間たちの目に見える形で示すためです。表彰式をします。軍用トラックに乗せて、町中を走りまわり、もっとタフな競争相手といかに競争しているかを話し合う。表彰式では花火を上げ、芸人を雇って、われわれが追求する優秀さを示します。スピーチもあり、賞品も出します。従業員大会の費用も出します。とにかく全員を巻き込み熱中させるためには、どんなことでもします」

ダン&ブラッドストリート・ソフトウェア・サービス社会長、ジョン・P・イムレー・ジュニアは従業員を称える、彼一流の方法をとった。「わたしの人生には一貫した信念がある」と彼は回想している。「それはとても簡単なことで、人が鍵ということだ。ティファニーで作らせた小さな鍵を、全員が襟につけている。ちょっとわざとらしいけれど、倒産の危機を何とか切り抜けたところだったので、何らかの形でみんなに報いたいと思ったんだ。みんなはそれを感激して受け取ってくれた。勤続五年以下の者には銀の鍵、五年以上には金の鍵。一〇年以上勤続の女性にはダイヤモンド」

あなたは、あなた流のやり方でやればいい。まず、やってみることだ。自分の人生に関わっている人たちに敬意を払っていること、あなたが彼らの仕事に感謝していること、彼らがあなたにとって大切な人たちで、彼らが学び育ち、自分の可能性を発揮してほしいと願っていることを、知ってもらうようにするのだ。

やる気と呼ばれているのは、そういうものなのである。

やる気は強制で生まれるものではない。
自らよい仕事をしようと思うようにさせなさい。

4 他人に心から誠実な関心を表わす

あなたはなぜこの本を読んでいるのだろうか？　これまでに友人を一番多く勝ち得た者のやり方をなぜ研究しないのだろうか？　それは誰だろう？　明日向こうからやって来る彼に出会うかもしれない。あなたが三メートルほどの距離に近づいたら、彼は尻尾を振り始めるだろう。もしあなたが立ち止まって、軽く頭をなでてやったら、彼は喜んで跳び上がり、自分がどんなにあなたに好意をもっているかを示すだろう。そしてあなたに対する彼の愛情の表現の裏に、何の魂胆も隠されているわけではないことがわかる。彼はあなたに何か不動産を売りつけようと思っているわけでも、あなたと結婚したいと思っているわけでもない。

あなたはこれまでに、ひょっとしたら、犬は生きるために働かなくてもいい、唯一の動物だということを考えたことがあるだろうか？　雌鶏は卵を生まなくてはならない。牝牛は牛乳を与えねばならない。カナリアは歌わなくてはならない。しかし犬は愛情以外の何物も与えることなしに、生活を成り立たせている。

もしあなたが二か月間、人に心から関心を寄せれば、この先二年間、人の関心をあなたに向けさせようとして得られるよりも多くの友人を得られるだろう。もう一度繰り返そう。もしあなたが二か月間、人に心から関心を寄せれば、この先二年間、他人の関心をあなたに向けさせようとして得られるよりも多くの友人が得られるだろう。しかしわたしもあなたもよく知っていることだが、他人の関心を自分に向けさせようとしつこく試みて、一生をむだに過ごす人たちがいる。もちろんそれは上手く行くはずがない。人びとはあなたに関心など持っていない。彼らはわたしにも関心を持っていない。彼らに関心があるのは――朝も、昼も、そして夜も――ただ彼ら自身だけなのだ。

デール・カーネギー

『ワーキング・ウーマン』誌の編集長、リン・ポービッチは『ニューズウィーク』誌に二五年間勤務していた。彼女は秘書を振り出しに調査員になり、ついに女性ではじめて上席編集者となった。その結果、かつて調査員のとき、彼女を助けてくれた執筆者や編集者たちを管理する立場に立ったのである。「それは不思議な人生経験でした」とポービッチは言う。

ほとんどの同僚はこの昇進に好意的な態度を示したが、現在は彼女の部下である六つの部の編集者のうちの一人だけが、そうではなかった。ポービッチによれば、「彼は最初からその任命に反対でした。それはわたしが嫌いだったからというよりも、わたしがその地位を得たのは女性だからであったということと、おそらくその地位につく資格がないと考えたからでした。彼は何も言いませんでしたが、別の何人かの人たちから彼がそう考えていることが伝わってきました」

ポービッチはこのことを気にしないようにした。新しい仕事に没頭し、記事のアイディアを展開していった。執筆者と話をするのに時間をかけ、自分の担当分野——医療、メディア、テレビ、宗教、ライフスタイル、それに思想——のそれぞれに真摯な関心を示した。

ポービッチがその部署についてから約六か月たったある日、例の批判者が彼女の部屋にやってきて、彼女の机の向かい側に腰を下ろした。「きみに言っておかなければならないんだけど」と彼は言った。「今回の人事異動には全面的に反対だった。きみは若すぎるし、経験不足だと思っていた。単に女性だからというだけの理由で、昇進できたのだと考えていた」

「でもきみが、仕事や執筆者や編集者に示した関心の大きさに、認識を変えた。きみの前に四人の上席編集者がいたけれど、彼らはどう見ても、この地位を次の地位への単なる踏み石としか考えていなかった。彼らは誰一人として、真剣に仕事に取り組むことはしなかった。でもきみはほんとうに関心をもち、その関心をみんなに向けていることがよくわかる」

ポービッチがこの同じ経営体制を、何年か後に『ワーキング・ウーマン』誌の新しい職に持ち込んだからといって、驚くには当たらない。「みんなをまじめに扱わなければいけません」と彼女は説明する。「第一に離れていてはだめで、日常的に彼らと接触していなければなりません。あちこち歩きまわって、みなとよく話をします。ここには定例会議制度がありますから、ある特定の時間、ある特定の週に、わたしと単独に話し合えると、みな知っています。何でも言いたいことを言う時間があります。わたしはいつでもそれに応じます。彼らがしていること、彼らの仕事、また人間としての彼らに関心をもっています」

他の人びとに心から関心を示すこと——こちらに関心を持ってもらうのに、これ以上の方法はない。人は心から関心をもってくれる人に応える。応えざるを得ないのである。

これこそが人間心理における最も基本的なことの一つである。われわれは他人が自分に注意を向けると、満更でもない気分になる。何か特別な気分になる。何か偉くなったような気がする。わたしたちは、われわれに関心を示してくれる人たちの周辺にいたい。そういう人びとを近くにひきつけておきたい。われわれは彼らへの関心を示すことで、彼らの関心にお返しをしたくなる。

トム・ハートマン神父は、ニューヨークのロング・アイランドの若いカトリック信者の間では、何かと伝説的な人物になっている。

彼が頼まれて執り行った結婚式は、これまで三八〇〇組以上、彼が洗礼を授けた新生児は一万人以上にのぼる。なぜみながこの神父のところへ行きたがるのだろう？　もっと他の神父は選べないのか？　もちろん他にも神父はいるけれど、ハートマン神父のように人へ強い関心を示す式のやり方をする人は、ほとんどいないのである。

ハートマン神父は、流れ作業式の結婚式を主宰するのではない。もっと用意周到で、一人ひとり、その人たちにふさわしい準備をする。結婚のために彼のもとを訪れる二人について、できるだけいろいろなことを知ろうとする。彼らを牧師館に招く。彼らの家を訪ねる。数か月以上かけて、彼は彼ら自身に関する会話へと導く。そういうふうにして彼は、彼らの個人的な希望や必要にふさわしい結婚式を行うことができるのである。

「よろしい、あなたがたの結婚式をやりましょう」と、彼はこの二人に言う。「でも、ありきたりの儀式にしたくはありません。そこに神秘性を発見したい。あなたがたにとって最良の結婚式であってほしいのです。あなたがたについても知りたい。あなたがたがお二人の関わりについて発見したこと、お互いの何を愛しているのかについて、あなたがたと話し合いたい。あなたがたの苦しみや、それをどういうふうに乗り越えたかを知りたい。それを、あなたがたの結婚式でみなさんにご披露したいのです」

ハートマン神父の結婚式は、祭壇の前にさっさと行って手軽に終わるようなものではない。しかしハートマン神父の個人的な関心が、その二人により大きな幸福をもたらす。彼が示す関心によって、二人はお互いについて新しいことを学ぶ。「こちらが二人の人生の重要な瞬間にとても関心を持っているとわかると、彼らは別のことがらでも、こちらの話に耳を傾けるようになる」と彼は言っている。

ハートマン神父は洗礼を授けてくれるようにと頼まれたときにも、同じように個人的な手順を試みる。彼は家族について、子どもについて、子どもの誕生に関わりのある人たちに、その誕生がどういう意味合いを持っているかについて、すべてを知ろうとする。洗礼を受けようとしている子どもの、未婚の母といっしょにラマーズ法の講習会に出席したことすらある。

彼によれば、こんなふうに関心を示すと、未来の父親たちに同じように準備を勧めるときにも、彼への信頼を増すのである。ハートマン神父は自分で講習会に出席して、言う。「わたしはほんとうにたくさんの男性から信頼してもらうことができたし、彼らにこう言ってやることができた。『やってみたまえ。不思議なことに会えるよ』。戻ってくると、多くの男性は興奮でワクワクしていた。そして言った。『もしこの経験がなかったら、外から覗いているだけになったでしょう』」

関心を示すには、多くの異なった方法がある。そしてその多くは、ラマーズ法の講習会に出席するよりははるかにやさしい。関心を表現するには、たとえば電話で感じのいい声で話すというふうな、簡単なことでもできる。誰かが電話してきたら、「あなたの声を聞くのがうれしい」と思っていることがわかる調子で、話をしよう。商店街で親しい顔を見かけたときは挨拶をして、偶然にも出会えたことを心から喜んでいるという気持ちを示すことだ。

人びとに微笑みをかけよう。彼らの名前を尋ね、どう発音するのかを聞こう。綴りと肩書を正確に知り、誕生日を覚えておこう。配偶者や子どもについても聞いてみよう。「クラレンス・マカリスターがブリストル・マイヤーズにいることを前から知っていましたよ」と投資仲介業、H・G・ウェリントン社の財務担当責任者、デビッド・S・テイラーは言う。「会った瞬間、すぐにわかりました。わたしはこの二つのことをいっしょに覚えます。誰もがそうだというわけではありません。わたしは人とビジネスを結びつける記憶銀行《メモリーバンク》を持っているのです」

いつこの名前が役に立つかはわからない。テイラーはこの教訓を、飲料会社の役員のときに学んだ。「カナダドライに勤務していたとき」と彼は言う。「その理由を考えるのは難しいのですが、航空会社の人たちの名前を知ることは大事なことでした。大のお得意さまでしたから。グラマン社には多くの人が勤務しているうえ、そこには飲物の自動販売機をたくさん置いていました」「入場許可証のようなものでした。わたしは電話して、こう言えばいいのです。『実は、こういう問題を抱えているんですが』。彼らの名前を覚えていることと、彼らとコネを持っていることとはとても役に立ちました」

テイラーはこのテクニックを、真の人間関係をつくる基礎として活用した。名前とそれに関連する連想を覚えて、彼は人びとを結び合わせ、問題を解決する手助けをすることができた。

この関心の表明を、人生でのいわゆる重要人物のみに限ることはない。おそらく彼らは、もうすでに強い関心の的になっているだろう。秘書や助手、受付係やメッセンジャー、その他こちらの生活を軌道に乗せてくれている多くの人びとのことを忘れてはならない。彼らにそれぞれの暮らしぶりを尋ねよう。それは是非そうすべきことである。そうすれば、自分のところへの朝の郵便物の届き方が、いやに速くなるのにびっくりすることだろう。

人への関心、これはスカラマンドレ・シルク社の社長、アドリアナ・ビターが個人的に、常にこころがけていることだった。ある日、ビターは壁紙印刷の部門を歩いていた。この部の部長が従業員に話しているのを耳にした。

「どう、ルー？」と部長は尋ねた。

「ええ、あまりよくはありません」とルーは答えていた。「このところ気分が落ち込んでいて」

「理由はわかってるの？」とビターは近寄って尋ねた。

「高所恐怖症と閉所恐怖症なんです」とルーは説明した。「クリスマス休暇に飛行機でプエルトリコに行かなくてはなりません。それが怖いんです」

ビターはさらにいくつか質問した。「医者に診てもらうといいんじゃないかしら」と、お終いに彼女は言った。

「医者には行きました。それで三二階まで昇らなくてはならなかったんです。とても怖かったんです」

「じゃあ、一階にあるお医者さんを探すといいんじゃないかしら」ビターは彼に言った。

「ビターさん、私は先日、夢をみました。わたしがひどく怖がっているとあなたが来られて、わたしを抱きしめて、心配しないようにと言ってくださったんです」

そこでビターは彼を抱きしめて言った。「心配しないで、ルー。きっとうまく行くわよ。深呼吸をしてみて」

彼らはそのあともしばらく話をした。彼は笑いながら、ようやくこう言った。「いっしょに飛行機に乗ってくださいますか？」

ビターもいっしょに笑った。

「彼は昨日出発しました」と数日後、ビターは言った。「だからきっとうまく行ってると思います」

人は心から温かさが示されると、直ちに反応する。だから誠実に振る舞おう。正直な、心からの関心を時間をかけて築き上げなければならない。

会話を始めるよい方法――たとえビジネスの上の会話であっても――は、こちらが話しかけようとしている人に、何かしら関係のあるものを見つけることである。

事務所の壁に掛かっている絵でも、机の上の子どもの作った鉛筆立てでも、部屋の隅に立てかけてあるスカッシュのラケットでもいい。関心とか賞賛とか温かさを示すような言葉をかけよう。あるいはこのような質問でもいい。お子さんからですか？」とか、「何と心のこもった贈り物ですね。「すてきな絵ですね。誰の作品ですか？」とか、「スカッシュですか。覚えるのは難しいですか？」など。こういったことばには別に深い意味はない。しかしどのことばも、人への本来の個人的な興味を示している。そしてこれが、積極的で上品なやり方で人を結びつける。

このような興味を示すことが、人間関係を成功に導くための基礎を築く。そのことばが語っているのは、「あなたはわたしにとって大切な人で、わたしはあなたに関心をもっています。気にかけています」というほんの些細なことである。それを聞いて悪い感じを持つ人はほとんどいない。

スティーブンとロビン・ワイザー夫妻のところでは、すべてがうまく行っていた。スティーブンは保険代理店の経営者として成功していて、郊外に瀟洒な家を持っていた。彼は以前から気前のいい慈善事業家だった。長女はエール大学の一年生、下の双子は高校でよい成績をとっていた。土曜日のある夜、スティーブンとロビンがレストランで食事をしていたとき、スティーブンは激しい心臓発作を起こして死亡した。ちょうど四五歳だった。

葬儀にはスティーブンと関わりのあった数百人が参列した。友人、職場の同僚、彼が支えた慈善事業団体の職員、等々。こういったたくさんの人びとがワイザー家を弔問に訪れた。

スティーブンの思いがけない死とほとんど同じくらい衝撃を与えたのは、その夜、彼の妻が語ったことだった。「スティーブンは、自分がどれほど多くの人びとと関わりをもち、どれほど多くの人びとに愛されていたか知らなかったことが残念です」。ロビン・ワイザーはそう言ったのだ。

スティーブン・ワイザーがだって？　友だちや同僚全部を？　それにしても、あの慈善事業まで？　そういえば、その人たちのうち、自分たちがどう思っているかを彼に伝えた人はまさにほとんどいなかったのである。

同じ過ちを犯してはならない。友人でも配偶者でも同僚でもいい、誰かが好きで心にかけているときは、その人にまだその機会があるうちに、そのことを是非知らせてあげよう。

関心を言い表わす（express）ことよりもっと大切なことは、関心を示す（show）ことである。

ハリソン・コンファレンス・サービス社は、会議やセミナーを運営する業者であり、顧客に本業の仕事に集中してもらい、その他のことがら一切の面倒を見ることをしている会社である。ハリソンのような会社が成功するためには、スタッフは真摯に、ほとんどその顧客のためのみに注意を向けていることを繰り返し繰り返し示さなければならない。

ハリソンが現にたしかにやっているような、よい会議環境を提供するだけでは十分ではない。魅力的な部屋、最高級の食事、ハイテクの視聴覚設備、あるいは好きなものを自由に選べるレクリエーション設備など、どれも備えてはいるが、これだけでは十分ではない。利用客たちが、ほんとうの関心と敬意を以て尽くされていると感じない限り、彼らはどこか他の業者にその仕事を渡すことになるであろう。

「わたしどもが扱った国際会議に出席されたある一人のお客さまのことを思い出します。中国からの方でしたが」と、ハリソン社会長、ウォルター・A・グリーンは言う。「わたしどもの従業員の接客係は、このお客さまが中国料理のないのは残念だと話していらっしゃるのを、たまたま耳にしました。その接客係はたまたま中国料理の調理人もしていたのです。翌日、彼女は自宅で特製の中国料理を何品か用意しました」。そして料理を会議場へ持っていった。「こんなふうに自分が特別な心遣いを受けたこと、そして彼のテーブルの相客と料理を分ける楽しみを味わったことで、どれほどこのお客さまが感激していたか知れません」

接客係の行為が物語っていたのは、「あなたのことを、いつも心から気づかっております」ということだった。そのような好意に感謝しない人がどこにいるだろう？

ありがたいことに、このような表現方法は簡単に学び得るし、そのことで多くの喜びを味わうことのできる習慣なのである。必要なことは、それがどれだけ重要であるかの認識と、多少なりともやってみるだけである。今度あなたが会う人に、こう言ってみよう。「この前あなたが買おうと考えておられた夏の家の話は、その後どうなったんですか」とか、「ここは何とすばらしい眺めでしょう。一日中窓から眺めていても見飽きないのではありませんか」などと。

こういうやり方は、いったんやりはじめると、たちまち自然に、あなたの生活の一部となるだろう。知らないうちに、あなたはまわりの人びとに関心を言い表わし、関心を示すようになり、**さらに関心を持つようになるだろう**。そのうえ、他人にまじめに関心を持つようになれば、あなたはあなた自身から抜け出し、外に目を向けるようになり、あなた自身の問題が何であれ、あまり気にしなくなるというおまけまでつく。

他の人びとに焦点をあてればあてるほど、あなたの個人的な人間関係はよくなり、否定的な考えは減っていくだろう。ほんの少しの親切なことばをかけるだけで、得ることは多いのである。

ビジネス書のベストセラー作家、ハーベイ・B・マッケイは最初、封筒を扱っていた。ベストセラーとなった著書に散りばめられた多くの教訓を学んだのは、そこでの仕事を通じてだった。「わたしは独創的な贈り物が得意なんです」とマッケイは言う。「わたしが贈り物と言うとき、それは高価だったり、金がかかるもののことを言っているのではない」

マッケイのところにいた一人の封筒のセールスマンは、マッケイの回想によれば「見たところでは、まさにC級よりもちょっとましなセールスマンだった」「買手の一人に女の赤ちゃんがいると聞いて、彼は贈り物を買った。うん、それはすばらしい考えだ、と思った。ところがその贈り物は、赤ちゃんのためのものではなかった。その家の焼き餅焼きのお兄ちゃんのためのものだった。その子は一歳半で、ほんの幼児だった。しかし、このセールスマンの意表を衝いた行為は、今でもわたしの記憶に残っている。それ以来、わたしは彼をC級より少しましなセールスマンなどとは考えなくなった。いまでは彼は、当社の重要な営業部長である」

こんなふうに他人へ関心を表わすことは、きみが新しい仲間の一人になった場合はとりわけ大切だ。たとえばビル・クリントンは幼稚園に入園した初日に、すでにそのことを心得ていた。彼の教師が語ったところによれば、クリントンは、ごく自然に他の子どもたちとも友だちになり、彼らに遠慮のない興味を示した。

「ハーイ」と言いながら彼は歩きまわった。「僕はビル。きみの名前はなんて言うの?」 ありきたりだって? 多分。しかしこのチビのビルが合衆国大統領に選出されたとき、出身地アーカンソー州ホープ市の彼の同級生たちは、誰一人驚かなかった。

あけっぴろげで、友好的で、関心を示す挨拶は、新入社員だったり、町で新しく商売を始めたりするときには、同じように大切なことである。その挨拶の意味するところは「わたしはここにおります。あなたはわたしのために何をしてくれますか?」ではなく、「わたしはここにおります。何かあなたにしてさしあげられることがありますか?」でなくてはならない。

だから、自分の町の病院でボランティアをしよう。リトル・リーグのコーチとして少年野球に参加しよう。PTAに入ろう。その町のチャリティーに参加しよう。こういうことはすべて、その地域社会に関心を表わし、「わたしはこの土地に愛着を感じております」ということを言い表わす方法である。こういうやり方の一つひとつが、初対面の人と好ましい雰囲気の中で会えることになる。それは楽しいことである。自分自身も快く感じるだろう。新しい人間関係に発展させ、自信を持たせてくれるだろうし、住みなれた世界から外へ連れ出してくれるだろう。

デール・カーネギーは、このことを理解していた。「もし人に好きになってほしいのなら」と彼は書いている。「もし真の友情を築き上げ、自らを助けると同じように他人も助けたいと望むなら、この原則をいつも守ろう。すなわち、他の人たちに心から関心を持つようになることだ」

この点に関して、カーネギーは自分の言ったことを、家族に対しても実行した。J・オリバー・クロムは、デール・カーネギー協会の現会長だが、彼は将来自分の義理の親になる人とはじめて出会ったとき、このことに気づいた。

「何と言っても、わたしはデール・カーネギーに会うので、それは緊張していました」とクロムは回想する。「だけど会って少しもたたないうちに、彼はわたしのことを話題にして、くつろがせてくれました。わたしにいろいろ質問するという方法でやったのです」。カーネギーとしては年若いローズマリーが連れてきた紳士に、興味を示しただけだったのだ。「まず最初にわたしは言いました。『カーネギーさん、お会いできてうれしいです』。そうすると彼は言いました。『ねえきみ、デールと呼んでくれたまえ。カーネギーさんなんて他人行儀じゃないか』。それから彼は言いました。『きみはネブラスカ州のアライアンス生まれだと聞いたが』『ええ、その通りです』。そこでカーネギーは『ずっと以前にわたしがあそこで商売していたときと同じようにすてきな人たちが、今もアライアンスには住んでいるのかね？』『はい』『じゃあ、そこの人たちのことを話してくれたまえ。それからきみ自身のことも』。そうやって、彼はわたしに、自分のこととアライアンスのことを語らせたのです」

話はそこからどんどん進展した。「わたしたちはいっしょに庭園を散歩しました。さらに行って、彼のバラ園で仕事をしました。いっしょに劇場にも行きました。地下鉄で市内に出ました。そのときブロードウェイにかかっていた『七年目の浮気』を観に行きました。芝居の内容のことはあまり覚えていませんが、フォレスト・ヒルズ公園をしばらく散歩したとき、彼があの小さな公園のすべての人を知っていたということはよく覚えています。彼はそこの警官を知っていました。犬を散歩させている人をみな知っていて、それぞれ名前を呼びながら声をかけました。彼らはみな立ち止まって、彼に挨拶しました。わたしはそのときは、それが普通ではないことだとは気がつきませんでした。中西部から来た人たちは、それが習慣なのかと思っていました」

スティーブン・ガイゼルスはいま、バンカメリカの副頭取だが、苦労の末、他人に心から関心を持つことがいかに大切かを学んだ。

ガイゼルスは結構早い出世街道のスタートを切っていた。一九八〇年代の終わりに大学を出たばかりで、彼はすでに大きな投資会社の幹部社員になっていた。ロサンゼルスのウエストサイドにアール・デコ調の高級マンションを持ち、車寄せにベンツを置いていたのは、すべて二五歳前だった。「すべてを手に入れたと考えていたし、それをみなに見せつけてやりたかった。虚勢を張っていたんですね」

「でも、ちょうど景気後退が近づいていた九〇年に」と、ガイゼルスは言った。「上司が事務所にわたしを呼んで言った。『スティーブ、きみの成績じゃなくて、きみの態度が問題なのだ。事務所の連中は、もうきみとはいっしょに働きたくないと言っている。われわれは残念ながら、きみに辞めてもらわねばならない』」

「頭を岩でガンと打たれたような気がしたんだ。この『成功者』が首になるなんて。そんなに時間をかけなくても、どうせまた高給の職が見つけられると思っていたが、それは間違いだった。ようこそ不景気時代にお出でだ。スティーブ！」

「何か月か仕事探しで意気消沈すると、塗り重ねた虚勢が剝げて、恐怖の厚い層が見えてきた。生まれてはじめてわたしは自信を失い、猛烈な恐怖心に襲われた。そのときまですべての人の感情を害していたから、誰にも会うことができなかった。相談する人もいなかった。わたしは孤独だった」

そのときになってはじめて、ガイゼルスは他人に関心を持つことを学んだ。彼は耳を傾けはじめた。自分以外のものに気をつかった。自分よりももっと悲惨な状況にある人びとに会って、自分の境遇を客観的に見ることができるようになった。彼は開放的になり、人間味が増し、人付き合いがよくなり、結局仕事につくことのできる人間になったのである。

「人をいろいろな観点から見るようになりました」と、彼は回想している。「わたしの態度は変わりました。感じ方も違ってきました。恐怖は減って、気持ちは開放的になりました。まわりがそれを認めてくれるようになりました。生活の中身もよくなりましたよ。マンションやベンツは手放さなくてはなりませんでしたがね」

「三年後、ふたたび幹部クラスの職を得ることができました。いまになってやっと、心から友だちと呼べる仲間に囲まれているんですよ」

最も効果的で
報いられることが多いのは、
他の人びとに真摯な関心を示すことである。

5 他人の視点からものごとを見る

昨年わたしは個人秘書が必要になり、新聞に私書箱の番号つきで広告を出した。たしか三〇〇通ほどの返事が来た。ほとんどの応募は次のように書き出していた。

「これはサンデータイムズの私書箱二九九号の広告への返事です。お申し出の仕事に応募したいと思います。わたしは二六歳で、……」

しかし、ある女性は気がきいていた。彼女は自分の希望などは何も書かず、こちらの望むことを書いていた。彼女の手紙はこんなふうだった。「拝啓。おそらくあなたの広告には二、三〇〇通の返事が来ることと存じます。あなたはお忙しい方ですので、全部の手紙に目を通す時間はおありになりません。ですから、いますぐ、ちょっと電話に手を伸ばしてバンダービルト三―九五一二番にダイヤルしてくだされば……」というような書き出しで、「喜んでお伺いして手紙を開封し、つまらない手紙は屑籠へ放り込み、残りの手紙を机の上に読みやすいように広げてさしあげましょう。わたしには一五年の経験があります……」

彼女はそれに続けて、以前どんな著名人のもとで働いていたかを書いてきた。手紙を読んだ瞬間、わたしは机の上で踊り出したい気分になった。即座に受話器を取り上げ、来てくれるようにと言った。しかし遅すぎたのだ。他の雇い主が彼女をさらっていった後だった。ビジネス社会を動かしているのは、彼女のような女性なのである。

デール・カーネギー

広告マンのバート・マニングは、マディソン街に足を踏み入れるずっと以前は、作家志望だった。コピーライターではなく、著述家である。そこで若いマニングは、毎日毎日タイプライターを酷使して、短編小説や小説、それに彼が「肺腑をえぐる戯曲」と自負していた作品をせっせと制作した。しかしほとんどの若い作家同様、マニングも筆一本で生活を支えるところまでは行かなかった。支払いのためには仕事が必要だった。

訪問販売が、見つけた中で最善の策だった。彼は大英百科辞典を売った。高級な台所用品を売った。また生まれ故郷のシカゴで、労働者の住んでいる古い地区を一軒ずつ訪問して、墓地の売り歩きさえした。

この最後の商品が、手がけたもののうちで一番儲けの大きいものとなった。もっとも最初からそうだったというわけではないが、努力が足りなかったからではなかった。一日中タイプライターに向かったあと、夕方になるとマニングはスーツとネクタイを身に着け、セールスマンの鞄に資料を詰めた。それから彼は、自分の押したドアベルに応えた人びとに、きわめて情熱的に墓地の宣伝を浴びせかけるのであった。墓地が投資物件としていかに有利であるか、シカゴの急速な人口増加から見ると、墓地の払底はいかに確実に予想されるか、彼の会社の五年間買戻し特約がいかに危険のない取引であるか、と。

「実際、とても有利で安い投資でした。わたしはそう信じていました。でも一件も売れませんでした。顧客の視点からものごとを見ていなかったのです。彼らの最も重要な関心事に焦点を当てる代わりに、経済的な視点だけを重要視していたのです。しかし物件を売っているうちに、自分がそのことについて、何も考えていないことがだんだんわかってきました」

マニングは自分自身に対して、最も大切な質問をするのを忘れていたのだ。「わたしが聞くべきだったのは『この人たちに一番関心があるのは何だろう？　彼らの観点は他の人とどこが違うのだろう？　彼ら自身にとって具合がよく、また家族のためにも好都合と思ってもらうには、何を提供すればいいのだろう？』ということでした」

聞いてみると、その質問に答えるのはとても簡単だった。「ここは操車場の裏で、とてもお互いの結びつきの強い外国人が住んでいる地域でした」とマニングは回想している。「家族という単位はとても重要でした。家族の結束は強かった。いとこ、祖父母、叔父、叔母。みな近くに住んでいました。彼らはその地域を離れようとしませんでした」

亡くなった後も、とマニングは推測した。そこで投資や財産形成をいう代わりに、家族や地域のことを話題にして、住んでいるところ近くにとどまるべきだ、と言うべきだとマニングは考えた。その墓地は、と彼は思い返しながら言う、「もし彼らがそうしたいと思うなら、彼らが住んでいるところからいつでも訪れることができ、しかも町から三〇〇キロ以上も出かけなくてすむようなところに、おじいさんやおばあさんの墓地を提供することができる、ということだったのです。それはその人たちにとっては、きわめて重要な問題でした」

「そのことが最初はわかっていませんでした」とマニングは言った。「わたしにわかっていることと言えば、納得できる価格で、有利な投資物件を提供しているということだけでした。しかし彼らはそんなことには関心がありませんでした。彼らには、そんな物件をそのような理由で買う気はありませんでした」

「いったん、彼らがほんとうに何に関心があり、何を欲しているかを理解し、どれほど簡単にそれを手に入れることができるかを彼らに示すと、ことはきわめて順調に行きました」とマニングは思い出す。

マニングは、後にJ・ウォルター・トンプソン広告代理店の社長として輝かしい成功をおさめたが、好運にも、人生の初期にこのような教訓を学んだのだった。「ものごとを彼らの視点から見よ」。これは世の中でよい人間関係を築くための最も重要な鍵である。

マニングにとっては「人びと」といえば、シカゴの主婦とその夫だった。しかしここで人びとというのは、上司、同僚、雇い主、顧客、配偶者、友人、子ども、とさまざまな場合がありうる。実際には誰でもいいのだ。基本的な原則――いつでもものごとを相手の視点から見るように努めよということ――が、どれにも当てはまるのだ。

「未来のリーダーたちには、ますます多くのことが要求されるようになるだろう」と、世界的な半導体メーカー、SGS・トンプソン社の副社長ビル・マカヒラヒラは予言する。

「きみが掃除夫であろうと受付であろうと、そんなことはどうでもいい。とにかくきみは、みんなとどんなふうにうまくやっていくかを学ばなければならない。もしきみが、ある地位につけばそれで人を動かす権威を手に入れられると考えているなら、それはとんでもない間違いだ。まず相手の利益という観点から考えることをしなければならない」

こういうことがいったん会社の中に取り入れられると、マカヒラヒラのこれまでの観察によれば、全体的にまったく新しい種類のコミュニケーションが生まれるのである。「もしきみが上司の立場で考えるようになると、そこできみは上司と同じ基盤に立つことになる。率直な対話を始める。自分のことだけを考えてはいけない。自分の要求だけを考えてはいけない。ここではジョージの、あちらではサンディの、要求を考えなくてはならない。そしてどういう種類の質問をすれば、彼らの要求を引き出し、理解することができるかを考えなければならない」

その結果として、あなたの個人的な人間関係も、またあざましいものになるだろう。「最近、ジョーダンという名前の四歳になる孫は、夜になるとわたしたちと過ごすのだが」とフェニックス市に住む有能なビジネスマン、バーン・L・ローンが言った。「ジョーダンが金曜の朝起きて来たとき、わたしはテレビのニュースを見ながら、新聞を読んでいた。ジョーダンはわたしが本気でニュースを聴いていないのがわかり、彼はアニメを見たかったのだ」

「ジョーダンは、わたしに言った。『じっちゃ』――あの子はまだ『おじいちゃん』と言えないのでね――『新聞がもっとよく読めるように、テレビを消してあげましょうか?』彼はアニメが見たいのだとわかった。そこでわたしは言った。『うん、消してくれ。見たいものがあれば、見てもいいよ』と」

「すぐさま彼はリモコンを取り上げた。フロアに座ってアニメにチャンネルを合わせた。四歳で、彼はまず考えたのだ。『僕の欲しいものを手に入れるために、じっちゃに何をしてあげればいいのか?』とね」

ラーナー社の一部門、ラーナー・ニューヨーク社のマーケティング担当副社長、バーバラ・ヘイズは、こういうことにかけては狂信的である。彼女の場合は、多くの小売業者がそうであるように、この「その他の人」というのは、顧客のことである。

そのやり方は、ヘイズに関して言えば、客がラーナーのある店に買物をするために足を踏み入れる前から始まるのである。「いくつかのショッピング・センターでは、入口が間口二〇メートルほどの売り場を借りています」と彼女は言った。「お客は八・五秒のうちに、店に入るか、そのまま行き過ぎるかを決めるのです」。その一瞬の決定が数百万回も重なると、ラーナーが成功するかどうかの決定を大きく左右する。あるいはヘイズが観察したように、「八・五秒で客を手に入れた」ことになるのである。

まさに顧客の立場から世界を見る点にかけては、競争のきわめて激しい小売業界が先んじている。

われわれは、成功していない小売店を見てきている。店員はみなひと固まりになってお互いにしゃべっている。入って行くお客は、まるで会員制のクラブへの侵入者のような気まずい感じになる。サービスだって？　何かサービスがご入用？　店員はみな、あまりにうんざりして、あまりに退屈しきっていて、それともあまりに忙しくて、そんなことで邪魔されたくないようである。

無神経な顧客サービスの時代が、ついに過ぎ去ろうとしている。顧客は言うべきことはもう十分すぎるほど言った。新しい「客がすべて」という接客規範を採り入れない店は、いまやお高くとまった従業員とともに、ビジネスから速やかに姿を消そうとしている。

ウォルマートのために、故サム・ウォルトンは「挨拶をする人」を従業員として雇った。彼らの仕事は、ただ正面玄関の近くに立って客に挨拶し、売り場案内をするだけだった。なぜ？　それは単にウォルトンのアーカンソー式接客法というだけのものではなかった。彼は自分のビジネスを、客と同じ眼で見るだけの感覚を持っていたのである。ここに客がいるとする。この巨大で、煌々と明かりの灯った店内に足を踏み入れると、商品の並ぶ通路、また通路。どこへ行ったらいいのかわからない。案内がほしい。そういう案内を用意している店があれば、客は喜ぶ。そして彼らが求めている商品を捜し出せたら、彼らはそれを買い気になるであろう。そのことが顧客を喜ばせ、またそれが店にとってもいい結果になるだろう。そして満足した客は、どの店にとっても良客なのだ。

「顧客の期待を超えろ」というのが、いつもサム・ウォルトンの原則の一つだった。「そうすれば、彼らは何回でも戻ってくるだろう。そこで少々、彼らの欲しがっている以上のものを与えることだ」

小売業界の上位の会社のなかで、ノードストルムのチェーン店が、八〇年代末と九〇年代初頭の景気後退期を何とか乗りきった。このデパート・チェーンの第一のモットーは「客の目でものごとを見よう」である。

「ノードストルムは世界で最も恐れられている小売業者だ」と、ビジネス・コンサルタントのデニス・E・ウェイトレーは言っている。「妻のスーザンは、この店が自分の最大の味方であることを発見した。彼女はノードストルムで靴を二足買ったけれど、二週間履いてから店へ返しにいった。片方の足が痛むといって、二足とも返しに行ったのだ。いやな顔一つされなかった。返品できた。客はいつも王様であり、女王様だ。顧客は特権階級だ。自分たちがそうしてほしいと思っている通りにしてもらえるのだ。そうすれば上手く行くのだ」

それはそうとしてウェイトレーにとって、ある日の夕方、家に着いたばかりのときにかかってきた電話は思いもかけないものだった。親しげな口調の女性だった。

「もしもし、スーザン・ウェイトレーさんをお願いできますか？　こちらはノードストルムの、顧客サービス係、マーサと申します」

「マーサさん、あなたは委託セールスをやっていて、追加点を稼ぐつもりなんですね。何のご用？　食事をしようとしているところでね。夕食を中断されたくないんですよ。スーザンに何のご用ですか？」

「スーザンさんと同じサイズとお好みの色の靴が入りました。勤務が終わりましたので、これからお持ちしたいのですが」

「あなたはたしか南地区にお住まいでしたね。うちは北地区ですから、方向違いですね。あと五分で食事を始めますが、それまでに来てくださるのは無理でしょう。でも、お知らせいただいてありがとう」

「わたしはお宅の車寄せから、携帯電話でお話ししていますの」

「それはそれは。ではどうぞ」

そうやって、ノードストルムはセールスをしたのだ。これにはさすがのウェイトレーも、強い印象を受けたことを認めざるを得なかった。その店は客の立場でものを見ていたのである。

問題は、どうすればわれわれは自分たちに一番都合のよいビジネスができるか、ではない。どうすれば客にとって一番都合のよいビジネスができるか、ということなのだ。顧客を喜ばせること、それがすべてである。そして客になるかもしれない人の眼を通じてものごとを見る以外に、こうした判断をする方法はない。

販売しているすべての製品について、ダン&ブラッドストリート・ソフトウェア・サービス社では「顧客協議会」をつくっている。

「われわれは顧客協議会が、ある製品が優先順位の高いものであると言うまでは、生産計画を立てません」と、同社の会長、ジョン・イムレーは説明している。「彼らは優先順位リストをもってやって来ます。こちらは特徴や機能のリストを持っていきます。こちらは競争力のあるものを望み、彼らは自分たちの要求を満たすものを望みます。彼らはこちらに情報を提供してくれ、こちらはその問題を解決し、彼らの要求を満たすことを誇りにしています」

これは、ダン&ブラッドストリート社では贅沢なこととは考えられていない。これはビジネスを行うための基本的なことの一部分なのだ。「顧客から情報を得なければ、製品を開発することはできませんでした」と、イムレーは断言している。「象牙の塔はできたでしょうが、そのときには、われわれは何の役にも立たなくなっているでしょう」

この外側から見るという方法は、単に顧客に限ったことではない。従業員にも納入業者にも、その他毎日接触している誰にでも、同じように当てはまる。

デビッド・ホールマンは、オーストラリアの農産物販売業者、ジョン・ホールマン社の輸出部門を担当している。ある日、最大の栽培者の一人に、不愉快なニュースを知らせる厄介なはめになった。不愉快なニュースというのは、その人の作っている野菜の輸出価格が、最初の予想価格の半分になりそうだということだった。

電話すると、予想通りの反応が返ってきた。その人は胆を潰したような声を出した。状況はきわめて深刻であると判断して、ホールマンは二時間かけてその人の農場に行き、直接会って話をつけることにした。

彼が農場に着いたとき、畑は雨でぬかるみになっていた。栽培者は作物の見まわりをしていた。そこでホールマンは彼のゴム長を借りて、畑まで会いに行った。

「どうですか？」とホールマンは心配そうな声で尋ねた。

それから彼は、この栽培者が、どれほど苛酷な労働をしてきたか、今年の作物のためにどれほど時間をかけたか、九〇年代に農業をすることがどれほど経済的な困難を伴うか、そして現在の買取価格にどれほど失望しているか話すのを、同情をもって聴いていた。

ホールマンは、この栽培者の言いたかったことを容易に理解できた。栽培者が大きな問題を抱えているのは明らかだった。ホールマンは温かく個人的に同じように心配していることを表明した。それで十分だった。ホールマンも驚いたことに、提示した価格には何も触れず、また作物の買取りについてさえ話さずに、栽培者は言った。「わたしのことを真剣に考慮し、置かれている状況を理解してくれていることが、よくわかりました。そちらの言われる通りでいいでしょう。そのうちに状況は双方にとってよくなるだろうから」

だから、他人のブーツを履いてみよ、というわけだ。困難な状況を解きほぐすのに、これ以上よい方法はない。

「中国に小規模の製造工場を持っています」とスカラマンドレ・シルク社の社長、アドリアナ・ビターは言う。「天安門広場で虐殺があった日、大企業はどこも休業でしたが、うちの小さな工場は操業していました。その日、われわれは電報を打って、彼らが大変な災難に遇ったことに遺憾の意を表わしました。翌週にイギリスに送ることになっている大きな契約については、何も触れませんでした。『しょうがない。何も運び出せないんだから』と考えていました。ところが、返事が来たのです。『電報をありがとう。注文の品は今朝発送しました』。彼らがどんなふうにして中国から持ち出したのかわかりません。しかし彼らはやったのです。われわれはこの山の中の小さな工場と良好な関係を維持しています」

工場労働者の立場でものを見ることによって、ビターはとても無理な注文品の到着を可能にしたのである。

顧客サービスに対するこのように狂信的な配慮は、あらゆるビジネスにおいて成功・不成功を決める重要な問題である。ハリソン・コンファレンス・サービス社では、それが女性にとってその設備をもっと使いよくするとか、あるいはもっと健康によいメニューを提供するということなら、問題なくゴーサインだ。

投書箱がいっぱいになったり、苦情の手紙が郵便受けに着くのを待っているだけでは不十分だ。顧客よりも一歩先んずることが肝要だ。気の利いたビジネス・リーダーなら、顧客が次に、つまり数日後、数週間後、数か月後に何を欲するかを考えるのである。これこそが全面的に、他人の利益という観点からものごとを見るということであって、裏返せば、そこで**彼らの利益になるのは何か？**ということだ。

今日、ビジネス関連として販売されている出版物の数に不足はない。雑誌、書籍、社報、オンライン方式のデータ・サービス、ファックスによる報告等々。しかしマーチン・エデルストンが信じるところでは、これらの出版物の大部分は、多くのビジネスマンがほしがっている実用的な情報を供給してはいない。「それらの出版物は、多少の違いはあっても、ビジネス関連のニュースに熱心です。しかし従業員をどう処遇すればよいか、健康維持にかかるコストをどう切り下げるかについて、実用的なことばでは語っていません。健康管理についての話はありますが、それを徹底的に掘り下げるにはどうすればよいかについては語ろうとしないのです」。そこでエデルストンは、この間隙を埋めるためにボードルーム・レポート社を発足させたのである。

そういうことを考え出すには特殊な才能が要るのだろうか？　いや、ほとんど要らない。必要なのは明けても暮れても、「どのように顧客はわれわれのビジネスを評価しているか？　顧客が次にほしがるのは何か？」と自問するリーダーだけなのだ。

どのようなビジネスも、世界をこんなふうに眺めることから、利益を生み出しているのだ。

スカンジナビア航空の社長、ヤン・カールソンは言う。「昨年、わが社の一〇〇〇万の旅客の一人ひとりが、スカンジナビア航空のほぼ五人の従業員と接触をもった。接触時間は平均して一回一五秒であった。この一年間に五〇〇〇万回の『真実の瞬間』が、結局は会社の成功を決定する」

他人の視点からものごとを見るということは、偶然に起こるものではない。質問するのは難しいことも、こちらから聞き出さなければならない。仕事で家庭で社交的な場面で、尋ねるのだ。そうすればすぐに、他人の視点でものごとを見ることになるだろう。

彼らの生活体験が、お互いの交わりにおいて、どのような影響をもたらすであろうか？　ここで相手の人は何を成し遂げようとしているのだろうか？　彼は何を避けようとしているのか？　彼は他のどういう人びとにサービスしなければならないのか？　彼らに、こうして会えてよかったと思ってもらうには、何が必要だろうか？

これらの質問には、仲間が異なれば、またさまざまな答えがあろう。しかし、そのいくつかのテーマは、疑いもなく、いつも繰り返されることだろう。正確な答えが何であるにせよ、ここでのポイントは、単に他人が欲していることに何でも賛成するということではない。他人がほんとうに求めているものを探り出して、さらに可能な範囲で、それに答えるということは、真摯で誠実な努力を要するということである。デール・カーネギーが言ったように、「もしきみが、他の人びとが問題を解決するのを援助することができるなら、世界はあなたの意のままになる」。

コーニング社のデービッド・ルーサーに、「偉大さ」について、彼が考えていたことと顧客側が考えていたことと必ずしも同じではないと気づかせたのは、一通の怒りに満ちた手紙だった。ルーサーはその頃イギリスで仕事をしていた。コーニング社は総合的な顧客調査票を送ったが、この手紙の回答は単刀直入であった。「コーニング社は鼻持ちならない」と書いてあった。

良心的な役員なら誰でもするように、ルーサーもこの苦情の追跡調査をするために、その男を招いて話し合った。「どうしてコーニング社は鼻持ちならないのでしょうか?」ルーサーはその男に尋ねた。男はコーニング社の在庫倉庫で働いていたのである。

「ラベルだよ」と彼は言った。

「ああ、わかりました」とルーサーはほっとして言った。「どこかよそ様のものと間違えておられるのですね。わたしどものラベルはコンピュータで印刷されています。そのラベルを見れば、製造元、生産国、相手のコード番号、当方のコード番号、日付、お知りになりたいことは何でもわかります」

その男は頭をゆっくりと前後に振った。「あんた」と彼は尋ねた。「倉庫の中にいたことがあるかい?」

「ええ、もちろん」とルーサーは答えた。「実はこっちは一〇年間、倉庫で働いたことがあるよ」

「おれの倉庫に行ったことがあるかい?」ルーサーは、それはないと認めた。「じゃあ、いっしょに来てくれ」とその男は言った。

そこで二人はまっすぐに倉庫へ行った。特殊な倉庫の中の段は、ルーサーがいつも本社で見なれているものよりも高くなっていた。実際、最上段はルーサーの頭よりも高かった。

倉庫番の男は、彼の目を一番上の棚に向けさせた。「コーニング社の製品はここに積み上げているんだ」とその男は言った。「お前さんには、そこのラベルが読めるかね？」「いいえ」とルーサーは認めざるを得なかった。「実のところ、読めません」「それなんだ」。倉庫番はルーサーに言った。「それが見えないんだ」。これが、彼が「コーニング社は鼻持ちならない」ということばで言いたかったことだった。

ルーサーはその日貴重な教訓を得た。「顧客の組織の内部に入り込まなければならない」「倉庫の中にいる人のことを考えよう。彼や彼女には立場がある」。こちらからわざわざ尋ねない限り、それを見つけだすことはできないだろう。

もし顧客や、家族、友人との関係をもっとうまく保ちたいと思うならば、ものごとを相手の人の視点から見るようにしよう。

自分自身の殻から踏み出て、他の人にとっては何が重要かを見つけだそう。

6 学ぶために聴く

わたしはニューヨークの出版社が主催した晩餐会で、有名な植物学者に会った。わたしはそれまで植物学者には一人も会ったことがなかった。彼は魅力的だった。わたしは椅子から乗り出して、彼の話にすっかりひき込まれ、彼が珍しい植物や、新しい植物や屋内庭園を開発する実験について語るあいだ中、耳を傾けていた。わたしも小さな屋内庭園を持っていたが、彼はわたしが抱えている問題をどう解決したらいいかを親切に教えてくれた。

ところが先に言ったように、わたしたちは晩餐会に出席していた。客は他に十数人いたに違いない。しかしわたしは礼儀についてのすべての作法を破り、他の人をまったく無視し、何時間もただ植物学者とのみ話していた。

真夜中になり、わたしはみなにあいさつしてそこを出た。後で聞いたところでは、植物学者はその後主人のところへ行き、わたしについて二言三言、お礼の言葉を述べたのであった。わたしからよい刺激を受けたのだと言った。それからいろいろ言った後で、最後に、わたしを非常におもしろい話し相手と言ったそうだ。

おもしろい話し相手だって？　わたしはほとんど何もしゃべらなかったのに。話題を変えれば別だが何か言おうとしても結局、何も言えなかったのだ。というのはペンギンの解剖について知らない以上に、わたしは植物学についてはからきし何も知らなかったのだから。しかしそれはともかく、わたしはひたすら傾聴した。わたしが傾聴したのは、真にそれに興味を持ったからである。そして彼はそのことを感じたようだった。当然のことながら、それが彼はうれしかったようだ。そういう聴き方は、われわれが誰に対してでも与えることのできる最高の賛辞である。だからこそ、彼はわたしを最高の話し相手だと考えたのだろう。実際にはわたしは単に熱心な聴き手であり、彼に話をするように仕向けただけなのだが。

デール・カーネギー

他人の話に耳を傾けるのは、きわめてまともな二つの理由からである。そのようにして人はものごとを学ぶのであり、また人びとは自分の言うことに耳を傾けてくれる人に前向きに応ずるのである。

この点は非常にわかりきったことなのに、ただじっと固苦しく座っていて耳を傾けているのが、まったくばからしく見えるかもしれない。しかしわれわれは、そのことを実際に行わないうちに、人生のほとんどを過ごしてしまうのである。

ヒュー・ダウンズは好運だった。ＡＢＣテレビの「20／20」という番組の長期にわたるホストとして、彼の放送界でのキャリアの初期に、〝聴くこと〟を習得したからである。これは、ダウンズがちょうど生放送のインタビュアーとしてスタートを切った頃の、ラジオ時代の話であるが、経験豊富な同僚でさえ、〝聴く〟ことに失敗しただけでつまずいてしまうのを直接目のあたりにしたのだった。

「彼は、三〇年代にクレムリンの刑務所から脱出してきたある人物にインタビューしていました」とダウンズは回想した。「このゲストは、四人たちが何か月ものあいだ、どうやってそこからの出口を掘ったのかを語っていました。彼らはひたすら掘りつづけたのでした。彼らは泥まみれに耐えました。密かに鋸を持ち込みました。そして彼らは、トンネルが牢の外側にまで届いたと判断したとき、上に向かって掘り始めたのです。それはとても劇的な話でした」

「それからある真夜中、ついに脱走できるときが来ました。彼らはすでに頭上の木の床を鋸で引き切っていました。しかし四人の一人が首を突き出したとき、そこで彼が見たものはショックでした。『わたしが立ち上がったとき』と彼はインタビュアーに語りました。『わたしはまさにスターリンの執務室の真ん中にいたのです』」

「そのとき、インタビュアーは何と言ったと思いますか？」ダウンズはある遠い昔の日を思い出しながら尋ねた。「『あなたは何か趣味をお持ちですか？』と言ったんですよ」

「まさか？　スターリンの執務室ですって？」でも、「スターリンはそんなに夜遅くまでは仕事をしていなかったでしょうね」でも、「じゃあ、あなたは人殺しの椅子にどかっと座って、彼の葉巻に火をつけてみたいと思いませんでしたか？」でもなかった。もしインタビュアーが全部の話を聴いていたら、聴き手の誰もがきっと心のうちで聴きたいと思っていた、こういう質問のどれかをすることができたはずだ。しかしインタビュアーの関心はどこか別のところにあった。彼にできたことといえば、この間の抜けた話題転換だけだった。そして聴いていた人たちは、興味津々な話のクライマックスを聞きそびれてしまったのだ。

「ほんとうにあった話だ」とダウンズは言った。「こんなふうにインタビュアーがちっとも聴いていなかった例を、他にも聞いたことがある。人がどれだけのことを聴き逃しているか、まったく驚くほどだ。それは、わたしが『〝ああそう〟インタビュー』と呼んでいるやり方なのです」

よく聴くことの大切さは、もちろんプロのインタビュアーだけに当てはまるものではない。他の人とコミュニケーションを持とうとする人にとっては、誰にでも、どこでも、いつでも、欠くことのできないものである。

聴くことは、あらゆるコミュニケーション技術の中で特に大切なことである。感動的な雄弁さよりも重要である。力強い声よりも、数多くの外国語を操る能力よりも重要である。優れた文章力よりももっと重要でさえある。

効果的なコミュニケーションは、まさによく聴くことから始まる。実際によく聴いている人がいかに少ないか驚くべきであるが、成功をおさめるリーダーの多くはとりも直さず、聴くことの価値を学んだ人たちである。

「わたしは山の頂上に座って、何をなすべきかのビジョンを考え出したりはしない」とモトローラ社の品質管理担当、リチャード・C・ブエトウは言っている。「わたしは他の人たちから学ばなければならない。どんどん聴くことをしなければならない」

ブエトウのようなすぐれたコミュニケーターでさえも――彼は行く先ざきでモトローラのビジョンを解説し、意見交換することを期待されているのだが――語るべきでないときをわきまえなければならない。彼のことばで言えば「こちらの送信機を止めて、受信機のスイッチを入れ、他の人たちに彼らのアイディアを説明させ、それを展開させるのだ」

このことの理解こそが、ブエトウのビジネス・リーダーとしての自己のイメージを高めているのである。たとえば、彼はけっして自分を偉大な戦略家であることや、あるいは洗練された会社経営の名人として描き出すことをしない。その代わりに彼は自分を伝書鳩にたとえる。

「わたしはモトローラ社の品質の問題の一つさえも解決し得ない」と彼は説明する。

「もしハードウェアの問題を処理するように求められたら、わたしの最初にやることは、ハードウェアの責任者の電話番号を教えてあげることだ。よいアイディアを聞いて取り上げ、それをあちらからこちらへ運ぶことが務めなのだ」

ここでいう真理は自ずから明らかである。**「すべてを知っている人は誰もいない。他の人たちの言うことに耳を傾けることは、学ぶための唯一最善の方法である」**

つまりそれは従業員や顧客、そして友人や家族の語ることに、耳を傾けるということだ。たとえ、それが辛辣きわまりない酷評家の言うことであったとしても。それは必ずしも他人の意見の言うがままになるということではなく、彼らのことばを最後までよく聴き抜くということである。多くの彼らのアイディアに感謝の気持ちを抱くことになろう。

ジョルジオ・マスチェットはパック商品を扱うレバー・チリ・S・A社の常務で、南米の工場責任者だった。その中にペプソデント歯磨き工場もあったが、この工場の生産計画は、鋼鉄製の歯磨き材料タンクを洗浄する必要から常に中断を余儀なくされてきた。ある日、製造ラインの一人がある提案をした。マスチェットには、この話の内容をやってみるというよい判断力があった。「タンクは一台だけ使っていました」と彼は回想する。「このラインの従業員は、タンクをもう一つ設置したらどうかと言ったのです。現在では第二タンクを使っている間に、第一タンクを洗浄することができます。だからもうタンク洗浄のために生産ラインを止める必要はありません。一方で止めるための一本のボルトを付け足し、もう一方で小さなタンクを加えることで、切替時間の七〇パーセントも節約できて、飛躍的に生産性を向上させました」。その同じところ――つまり工場現場――からマスチェットは、歯磨き生産についてのもう一つのアイディアを手に入れたが、これも前と同様に重要なものだった。何年間も、工場では歯磨き運搬ベルトの下に取り付けた、ひどく微妙で非常に維持費のかかる秤を使っていた。その目的は、歯磨きの箱に確実にチューブが入っていることを確かめるためだったが、ハイテクの秤は完全に働いたことは一度もなかった。マスチェットの言によれば、「ときどき空の箱を封印して送り出してしまったことがあった」「このラインの人からのアイディアの一つは、この高価な機械を取りのけてしまって、チューブが転がっていくコンベアベルトを横切って吹き出す、小さなジェット気流の空気の穴を付けることでした。圧縮空気を調節して、箱が空の場合は空気の圧力で、その箱をベルトから吹き飛ばしてしまうようにしたのです」

聴くことは受け身で、話すことこそが行動的だと考えている人が多い。ごく普通の人びとの間にも、会話の中で「深く腰かけて聴きなさい」と言うということは、「聴く」とは何かということについて、誤解が広く行き渡っていることを暗示する。誰かが言うことをただ単に聞くというのなら、比較的受け身の行為である。しかし積極的に関わり、効果的に聴くのなら、非常に行動的な運動となる。

南米のコンピュータシステム会社、ソンダ・S・A社の社長、アンドレス・ナバロは、この二つの違いを示すために母語であるスペイン語を使っている。ナバロの説明によれば、「スペイン語には oir と escuchar という二つの単語があるが、それはほぼ hear（聞く）と listen（聴く）に対応する」「真に聴くというのは、単なる聞く以上のことである。多くの人びとは、誰かが話すのを聞いているときには、その人が言っていることを聴こうとしないで、ほんとうは自分のことを考えている。『何と答えようか?』と」

積極的に聴くためには、たとえ唇は動かさなくとも、その会話に深く聴き入ることが必要である。これは必ずしも容易ではない。集中力をもって心から取り込むことが必要である。それには、質問することや刺激を与えることが必要である。早くて思慮深く、的を射ていて簡潔な応答が求められる。

会話では、積極的に関与していることを示す多くの方法がある。といってもそれは、他の人が何か言うたびに口をはさみ、引っ掻きまわすことではない。肝心なのは、このための方法の全部をマスターすることではない。よい聴き手は、自分が正しくまた理に叶っていると思ったいくつかのことを学び、それを実行するのである。

時々の頷き、ああそうという相槌、なるほどということば、そういうものであってもいいし、聴く姿勢を変えたり、椅子に座っていて体を前に乗り出したりする人もいる。またある人たちは適当なときに微笑んだり首を振ったりする。そして強い視線は会話の相手に、「ええ、あなたの言っていることを熱心に聴いていますよ」ということを示す一つの方法である。

そして他の人たちが話をいったん終わったら、先ほど話していたことの続きにつながる何かを進んで質問してみるとよい。

ここで重要なことは、厳密にどの聴き方のテクニックを選ぶかということではない。どれを採用するにしても、ぎこちなく、機械的にするのではない。これらは、適当なときに心して用いるべき、いくつかの方法があるはずである。それによって他の人たちは、あなたと楽しく話すことができるであろう。

エルマー・ウィーラーは、二昔も前にセールスマン精神に関する教科書的な著書で「ステーキを売らずにその焼ける音を売れ」と書いたとき、これと同じ考えを強く主張していたのである。「よい聴き手はあなたの方へ体を傾ける。彼はあなたの一言ひとことに精神的に寄りかかってくる。彼は瞬間瞬間を『あなたとともに』いる。適当なときに頷き、微笑みながら。彼は『よりあなたの気持ちを酌んで』聴いている」。このことはセールスマンにとって、よい助言であるというだけではない、とウィーラーは書いている。「それは社会的な、またはビジネスにおける成功のために、従うべき確かな法則でもある」

SGS・トンプソン・マイクロ・エレクトロニックスの人事担当副社長、ビル・マカヒラヒラの言によれば、「積極的に聴いている人は普通、即席に解決を思いつくのとは逆に、質問をし、その答えを待つことのできる人である。従業員は、こちらが単に性急に結論を求めようとしているのではないことをはっきり感じとったときに、積極的な聴き役となるのである」

マカヒラヒラは、これを非常に重要な考えだと考えていて、かつてSGS・トンプソン社の管理職で聴き役として優れている者を対象に、「積極的聴取賞」をも創設した。彼は積極的な聴き役かどうかを判定するため、三つの質問を考え出した。

1　あなたは質問をして、答えをじっと待っているだろうか？
2　あなたは出された質問に即座に、かつ、その質問に対して真正面から答えているだろうか？
3　あなたが積極的に耳を傾けていると、相手の人は感じているだろうか？

クリス・コンウェイは、ネブラスカ州オマハに住む、保険会社のマーケティングの専門家で、母親のいない二人の男の子の父親である。彼は長男から、ほんとうに聴くということはどういうことかを学んだ。

「ダンは一五人ばかりのティーン・エイジャーのグループに入っています。そのグループは毎週、年長の夫婦一組といま流行の話題について議論したり、それが彼らにとってどういう意味を持っているかを話し合うのです」とコンウェイは語る。「その夫婦はそこで会話の進行を助けるだけです。わたしはダンに、そのグループに参加していてどんなふうに感じているかを聞きました」。その子はいつもと違って熱っぽい口調で話した。彼は、リーダーたちがそのグループにほんとうに関心をもっていることは、年輩の人たちが若者たちの言うことにいつも熱心に耳を傾けているようすから、よくわかると言った。

「ダン、パパだって、きみの言うことを聴いているよ」と父親は言った。

「うん、わかっているよ、パパ」と少年は言った。「だけどパパはいつもご飯を作ったり、皿を洗ったり、何か他のことをしながらでしょう。パパの言うことといったら、うん、とか、いいや、とか『まあ、考えておこう』とかばっかり。僕の言うことを聞こうともしない。あの人たちは僕の方をしっかり向いて、熱心に聴いてくれるんだ」

次の五週間というもの、クリス・コンウェイは、二人の息子の言うことに耳を傾けることに集中した。

「息子たちの皿に食事を盛って、自分にはひとつまみの野菜だけにしました。子どもたちがしゃべっている間、フォークを置いて、彼らの方を向いて聴きました。おかげでわたしは七キロ近くも体重が減りましたよ。それに食事時間は平均八分だったのが、四二分もかけるようになりました」

よく聴くための環境——そこでこそ聴くことは始まる。恐れたり、心配していたり、イライラしていては、効果的に聴くことは不可能である。だからこそよい教師は、教室を快適で温かな雰囲気にしておこうとするのだ。

「自分でもわかっていますが、何かでイライラしているときには、ちゃんと聴いてなんかいません」と幼稚園の教師、バーバラ・ハマーマンは語っている。「自分自身の振る舞いに気をつけています。子どもたちだって教室で緊張して神経質になっていたら、よく聴くことはできません」

ウィリアム・セイベルはアイスクリームとヨーグルトの世界的な販売会社、バスキン・ロビンズの元会長で、かつてネッスルからマーケティングとセールスの責任者として、日本に派遣されたことがある。

「最初にしたことは、日本支社を持っているアメリカ企業を訪問することでした」と彼は回想している。彼は日本語を学んで話せるようになった。日本旅館に泊まり、和食を食べた。彼は自ら日本的な環境に自分を置くために、思いつく限りのことをした。

「大事なことは聴くことだ」とセイベルは言った。「一方的にしゃべり出して、自分がいかに物知りかを示す前に、ほんとうに聴くことだ。最初に学ばなければならないのは、いかに何も知らないかということを知ることだ。相手を知り、相手とさしで付き合わなければならない。誰に対しても偉そうに振る舞ってはいけない。自分の部屋から出て、誰にでも話しかけ、熱心に人の言うことを聴き、しかも、あまり早く結論を出してはいけない」

簡単に言えば、**人間というものはどこでも、自分の言い分を聴いてもらいたいのだ。またほとんどの場合、自分の言うことを聴いてくれる人には前向きに答えてくれるものだ**、ということである。聴くということは、わたしたちの持っている他人への敬意の表わし方として、最もよい方法の一つである。それは、その人を重要人物と見なしていることの指標である。それは「あなたのお考えや行動、それに信念が、わたしにとって大切なのです」ということを、相手に伝える方法なのである。

不思議なことに、他人の意見に耳を傾けることは、ときにはあなたの考え方に同意してもらう最良の方法ともなる。ジョンソン大統領時代の国務長官ディーン・ラスクがこのことを知ったのは、世界のきわめて頑固な政治的リーダーたちとの何十年にもわたる交渉を通じてであった。「聴くということは、あなたの耳で他人を説得する方法である」。その通り。聴くことは、他の人たちがあなたの立場で世界を見るようにさせるための、非常に強力な手段なのである。

ソーンダーズ&カープ社のマーチャント・バンカー、トム・ソーンダーズは、こう言っている。「真の鍵は、一人の人間を理解し、彼が何に価値を置いているか、彼がどのくらい投資物件を考慮したいと思っているかを理解し、この提案が彼にとって適正であると、正直に言えるかどうかということである」

ソーンダーズは、大企業が巨額投資をする際に助言することを仕事としている。彼の第一の方法は何だろう? 彼らの語ることを聴くことだ。結局「聴くことに帰す」と彼は言う。「実際に彼が考えていることは何か? 彼はなぜノーと言ったのか? 背後にある真の理由は何か?」

「AT&T社とは二五年間付き合ってきました。同社との関係はきわめて親密なものでしたが、これはすべて聴くことによってでした」

ソーンダーズはさらに言う。「最高に見栄えのいい宣伝パンフレットを渡すこともできるし、PR用のスライドをたくさん上映して見せることもできる。それでもその投資家にとって、ほんとうに興味のあるのは何なのかを見つけださなければならない。心の中で思っているのは何であるのか? 彼のものごとの見方はどうなのか」

強力で積極的な聴き役になる第一歩は、よく聴くことがいかに重要であるかを理解することである。第二は、真にものごとを学びたいと思うことである。そして最後に、この学んだばかりの

「聴く技術」を実行しなければならない。

家庭用品の大手、ラバーメイド社の最高経営責任者、ウォルフガング・R・シュミットの回想はこうである。「わたしが〝聴く技術〟を学んだのは、そんなに楽しい経験からではなかった。若い頃の離婚を通じて学んだ。わたしは仕事中心だった。離婚を避けようと努力していたとき、われわれ夫婦はカウンセラーのところに行った。よく聴くということがどれほど決定的に重要であるかを理解したのは、そのときがはじめてだった。そこにこそ、わたしにとって――わたしの結婚にとって――大切なものがあった。それを取り戻そうと望んだ。誰かがわたしに非常に率直にものを言ってくれたのは、そのときが最初だった」

聴くことについて、だろうか？「いや、それだけじゃなくて」とシュミットは言った。「他人の感情を内面に取り入れ、それについて考えることもだ。それから、彼らの気持ちを映し出すことにより、それらが自分にとって、どれほど重要かを示すことができるであろう」

モトローラでは、従業員の小チームがそれぞれ提案をもってやってくることが、いつも奨励されている。彼らが来れば、社のトップはじっと座って耳を傾ける。「じっと座って、何百ものチームがあらゆる課題やその解決法について語ってくれるのを聴きました」とモトローラのリチャード・ブエトウは言っている。そしてモトローラの未来像は、こうした何百回もの対話を通じて築かれるのである。

こういう小グループでの討論――役員がまとめ役を務めるが、ほとんど口をはさむことをしない――は、会社の方針として聴くことを定例化するための、きわめて価値ある方法である。アナログ・デバイス社では、ある方法を考え出し、会長のレイ・ステータはそれを『CNA円卓会議』と名づけている。会合は定期的に開催される。会社のあらゆる部門から従業員の小グループが招かれ、ステータやその他のアナログ社の首脳経営陣との、卒直な遠慮のない討論が行われる。一般的なテーマは「九〇年代に向かって新しいアナログ社を創造するためには」、つまりそのころの社内スローガン、CNA（creating a new Analog）であった。

ステータの説明によれば、「それは単に彼らの質問に答えるというだけのことではない。ある程度討論した後で、わたしがやることとは、こう言うことだ。『それではテーブルをまわって、みなさんに話していただきたい。みなさんにとって、いま特別に関心があるのは一体何だろうか？ みなさんの提案は？ どの部署から来たか？』」そしてそこに座って、膨大な量のノートをとる。「それを聴き取りと呼んだ。そのあとで聴いたことの概略をまとめる」と彼は言った。

ジョー・ブッカーは鉄鋼輸出入会社、アレゲニー・ラドルム社で、品質向上計画のリーダーとして新しい職に就いた。しかし彼の熱意はまもなく恐怖に変わった。

「その計画は、会社の最大の工場では約一八か月も前にできあがっていました。しかし、その工場のほぼ二〇〇〇人の従業員にはほとんど受け入れられていませんでした。その計画への参加は任意でしたから、どうしたら品質改善の必要性を各部署に理解してもらえるでしょう？ 多くの場合、彼らは自分たちのやり方で、すでにうまく行っていたのです」

ブッカーは少し考えてから、必要なことは、自分が有能なチームのメンバーであり、彼らに役立つ人間であることを、従業員たちに納得してもらうことだと悟った。つまり、ブッカーがわかったことは、本格的に聴き取りをすべきだということであった。

「工場の六つの部署を、それぞれ訪問することにしました。その目的は、各人が製品の品質についてどう感じているかを知ることでした」と彼は言う。「わたしはその計画についての議論は避けました。そしてどの討論においても、品質向上運動の進展にとって、個人がどれほど鍵を握っているかに焦点を絞るようにしました。各部署で支持者を見つけ、彼らの援助で、その他の人たちをも、世界で認められる品質に高めるという挑戦に参加するよう、説得することができました」

「今日われわれの工場の組合代表は、会社の最終的な決定のどの部分にも最高の割合で参加しています。みなが自分たちの隣の製造過程や部門が、自分たちの得意先だということを理解しています。これが全従業員の間でよく聴き、コミュニケーションを持ったことの直接の成果です」

コーニング社でデビッド・ルーサーが発見したのも、まさに同じことだった。「コミュニケーション・プランを見て、わたしがした最初の質問は、『いつになったら〝聴く〟ということばが出てくるのかね?』だった。そのプランはほとんどが〝これを言わせてほしい〟とか、〝あれと、それからもうちょっと別のことも言わせてもらいたい〟ということばかりだったからね」

コーニング社でルーサーは、聴き取りを実用的な改善の手段にしていくための手順を発展させた。彼はその手順がどういうものかを説明する。わたしは「ある工場を訪ね、一五人ずつのグループ二つを五時間の間ほしいと言った。われわれが中に入っていく。普通そこには組合委員長がいて、そのアシスタントがいる。こちらにもアシスタントがいる。組合員の一人とわたしが一五人の一つのグループを、アシスタントともう一人の組合員とがもう片方のグループを受け持つ。こうして各グループの前には二人ずつが立つことになる」

「彼らに手順通りやらせて、最初に言うことは『品質に関してよいところは何か？　一〇年前にはここでは普通どういうふうだったかを、思い出してほしい。現在は品質がいかによくなったかと、考えられるか？　よろしい、ではそれを壁に貼り出そう』」

「第二部はこうだ。『品質に関してよくないところは何か？　上司についての苦情だけは言ってはいけない。他のことなら何でもよろしい』そしてそれも壁に貼り出す」

「それから第二のリストを取り上げ、それを一〇ないし一二項目にまとめる。たいていは少し重複する。重複は取り除きたい。『それでは投票しよう。ここに一二項目ある。きみたちは一人三票ずつ投票権がある。これからわたしが一二項目の一つひとつを指すから、それが品質に関する、より重要な問題であると思ったら手を挙げてほしい』」

「リストの一二項目を次々に示すと、そのうちの六項目には全然票が入らない。二項目には若干の得票があるだろう。そして多分二つの項目がそのチャートで突出するだろう。それでは、その二つの苦情について話し合おう」

「それから二つのグループを連れて行き、両方のグループを一つのグループにする。工場管理者を呼んでくる。各グループの代表に起立させ、それぞれのグループの意見を発表させる。第一のグループは言う。『われわれは、工場マネジャーが何を考えているかわかりません』。また第二のグループは立って言う。『工場マネジャーはわれわれとまったくコミュニケーションをしません』。いくら鈍感なマネジャーだって、自分にマネジャーとして問題があるということと、それが白日に晒されたことくらいはわかるだろう。全体の成り行きはわかるね。マネジャーの部下たちの目の前で、事態は展開する。質問票を送り返すとか、評価をするとか、戻ってくるとかいうことはない。つまりそれはまさに眼前で起こっており、この一致をきみは見たということだ。各チームは、きみも見たように、もう一つのチームが何を言うつもりなのかは知らなかった。われわれはこういうことをざっと五〇回もやってきたよ」

これはすばらしい方法だ。よく運営されている会社内では、もっと他にたくさんの方法が、ある。記憶していてほしいのは、これらすべての根底には、いつも二つの基本的な原則が存在するということだ。

1　聴くことはいまでもなお、学ぶための最上の方法である。

2　人は、自分の言うことに耳を傾けようとする人に、前向きに答えようとするものである。

きわめて単純な真理は、人は自分のことばに耳を傾けてもらうことを好むということだ。これはビジネス界においても真理であり、家庭においても真理である。われわれの人生で出会うすべての人について、まさしく真理である。

「人を動かす秘訣は、よい話し手になるよりも、よい聴き手になることである」とデール・カーネギーは書いた。「ほとんどの人は、他人を自分の考え方に合わさせようとして、自分自身のことを多くしゃべりすぎる。他の人たちに彼ら自身のことを語らせよ。彼らは自分の仕事や問題点について、あなたよりもよく知っている。だから彼らに尋ねるがいい。すこししゃべらせてやれ」

「もしきみが彼らと意見が違うときは、彼らのことばを遮りたくなるだろう。しかしそれではいけない。それは危険だ。彼らは、言いたいことをまだ抱えている限り、きみのことばに注意を払おうとしないだろう。だから辛抱強く、また寛大な気持ちで耳を傾けたまえ。誠実でありたまえ。彼らを励まして、考えをすっかり吐き出させたまえ」

彼らはけっして忘れないだろう。そしてあなたも、一つ二つは学ぶことがあるだろう。

よい聴き手ほど説得力のある人はいない。

7 明日のためにチームをつくる

フィラデルフィアのアドルフ・セルツは自動車展示場のセールスマンであり、わたしの教室の受講生でもあったのだが、やる気をなくして勝手気ままな自動車セールスマンのグループが、また情熱を打ち込むようにし向ける羽目に立たされた。彼はセールスマンたちの会合を開き、彼らが彼に何を求めているのか、正確に話してほしいと促した。彼らが発言すると、彼はその意見を黒板に書いていった。それから彼は言った。「わたしは、きみたちがわたしに期待しているすべてのことをしよう。さて今度は、わたしがきみたちから何を期待することができるかを話してもらいたい」すばやく答えが返ってきた。「忠実さ。誠実さ。積極性。楽観的見方。チームワーク。一日八時間、熱心に働くこと」会合は新たな勇気、新たな感動のなかに終了した。一人のセールスマンは、一日一四時間の労働を進んで申し出た。そしてセルツはその結果、売上の増大に驚くべきものがあったと、わたしに報告した。「彼らはわたしと、一種の道義的な契約を結んだのです」とセルツは言った。「わたしが約束したことを履行している限り、彼らもわたしの約束を守ることを決めていたのでした。彼らの希望や願望について相談することこそ、彼らが必要としていたカンフル注射だったのです」

デール・カーネギー

かつて大組織というものは、ピラミッドのような形をしているのが普通であった。底辺には多くの労働者がいて、何段も何段もの班長、係長、そして上には中間管理職がいた。各階層はその下段の者より多くの権限を持っていた。そしてこの多階層の構造は、正確に昇進していくようになっており、その予想通り、頂点にはCEOつまり会長と取締役たちが座ることになる。

これが会社、病院、学校で組織作りをするときに、最もよい方法だろうか？　こういうことについて誰もわざわざ聞こうともしなかった。昔ながらのピラミッドが常にいつものようにあったからだ。堅固で、当たり前で、とても変化など受け付けそうもない姿で。

ある人たちにとっては驚きかもしれないが、このピラミッドは崩れかかっているのである。あたかも古代エジプトで昔の奴隷たちが帰ってきて、ピラミッドの石を運び去ろうとしているかのようだ。新しい光景はけっしてサハラ砂漠のように平坦ではないかもしれない。しかし未来は全体として、過去よりももっと水平的になるだろうことは間違いない。

厳格なヒエラルキー、縦割り系列、複雑な命令系統、こうしたものすべてが、創造的な仕事を窒息させてきた。世界がこんなに速く変化しているというのに、誰がこういう昔の状態を持ちこたえられようか？

「ヒエラルキーとして存在していた以前のソ連に何が起こったか見よう」とメアリ・ケイ社の副会長、リチャード・C・バートレットは言う。「同じことがヒエラルキーが原因で、中国でも起こるでしょう。この形では政治は動かない。企業も動かない。これまでの合衆国の巨大企業は、世界が崩れているのを耳にしながら、このことに気がつくことさえしていない」

明らかに必要となってきたのは、古い硬直性を緩め、人びとに自分たちの創造力を最もよく働かせ、何年間も眠っていた能力を十分に発揮させられるような構造である。もっとよく運営されている会社の秘訣は、「チーム」にある。人びとが自分の既成概念を越え、自分たちのさまざまな文化の及ばないところで、いままでの自分たちの身分の上や下の人と働くように求められることが、次第に多くなっている。

「近代の組織は、上司とそれに従属する部下との組織ではあり得ない」とカリフォルニア州クレアモント大学院の経営学教授でビジネス論教授のピーター・ドラッカーは主張する。「それはチームとして組織されるべきである」

チリのソンダ社の社長、アンドレス・ナバロも同意見である。「一匹狼はもはや存在し得ない」と述べている。「自分一人で何かを考え出す男――世界はそれにはあまりに複雑すぎる。異なる専門分野の何人かが、同時に共同作業をすることが必要だ」

組織全体の中から選ばれた人による小グループが、目下のプロジェクトとか、あるいは何か特殊な限定された仕事に投入される――たとえば新製品の設計とか、工場の再構築とか、ある部門のリストラとか、品質改善プログラムに弾みをつける方法の考案とか――。古い縦割りの部門間の対立は薄れつつある。さらに定期昇進とか、年功序列型賃金とか、その他意気消沈させるような古いピラミッドの名残りは薄れつつある。

ピラミッド型の会社では、エンジニアは一日中エンジニアといっしょに働いていればよかった。現在ではエンジニアはいとも簡単にセールスマンのグループに放り込まれ、よく言われることは、「この製品をもっと顧客にアピールするようにしてくれ」とか「この部品をもっと速く組み立てる方法を考えてくれ」とか「エンジニアとしての経験を活かして、このマーケティング・グループに技術上の問題について教えてやってくれ」などである。

このようなグループ分けの結果として、マーケティング担当者は実際にエンジニアのことばに耳を傾け、エンジニアの方もマーケティングからの注文を聴く。以前は、こんなことは大企業ではけっして起こらなかったことだ。いまや製造、顧客サービス、労働関係、その他すべての広範囲な部門も相互にコミュニケーションを持っている。いくつかの先進的な企業では、そういう完全に人工的な細分化は消失し始めてさえいる。

ドラッカーが強調するように、世界はもはや一兵卒と教官の下士官とで成り立っているのではない。「軍隊は命令―支配によって組織され、ビジネス企業もその他の集団もこのモデルを模倣していた」と彼は書いている。「いまやこの状態は急速に変化しつつある。組織が次第に情報を基盤とするようになるにつれて、サッカーやテニスのチームのように、つまり責任に基礎を置く組織へと形を変えつつある。そこではメンバーの一人ひとりが、責任ある決定者として行動しなければならない。全メンバー自身が自分たちを幹部社員と見なさなければならないのだ」

メアリ・ケイ社がどういう組織になっているかを見よう。「メアリ・ケイの組織構造は自由型です」と副会長のリチャード・バートレットは言う。「わたしはそれを分子構造として考えたい。そこでは誰でも人工的な障壁を越えることができる。彼らは箱に閉じ込められているのではない。縦割りの系列を越えて、創造的な行動チームに参加することができる。それにわれわれの観点からすると――こういうことを言うと陳腐に聞こえるが、何人かの方がこの例に従っている。なぜなら顧客が最も大切であるから」

「しかし、われわれのビジネスのやり方では、その真下にいるのはわがセールス軍団です。われわれのそのセールス軍団を、いかに支えるかということに重点を置いています。組織図の一番下に何かありますが、意味のない緑の点として示されています」

「わたしがかつて組織をいかに構築するかについてはじめてスライドで説明したとき、作図をする人がそこに緑の点を書きました」とバートレットは回想する。「わたしは意味のない緑の点です。個人的見解によれば、社長とか会長とかが必要なのは、ただ他の人びとの必要を満たすために尽くすことと、現に仕事をやっている人たちのために必要なものを供給するときだけです」

職業管理の問題について、アメリカと日本のビジネス誌に定期的に寄稿しているアデレ・シールは「組織というものは、現に再構築《リストラ》をしている」と言っている。

「以前には役に立ったことが、もはや役に立たない。人びとは決められたやり方があると期待しているが、そこにはもはや、そのようなやり方はない。その存在を信じれば信じるほど柔軟性を失い、まだ見えてない機会を利用し得なくなるだろう。いつも心を開いていなければならない」

この水平化された組織は、あらゆる思いがけない場所で起こりつつある。教育の世界においてさえもだ。「マネジメントはまるで平たくなりつつある」とニューヨーク市ジェリコのカンティアーグ初等学校長、マーク・ホロビッツは述べている。「そこではチームをつくり、またチームをリードし、人びとを水平的にやる気を起こさせることの必要性がある。多くの場合、これは何か肩書を振りかざしたり、経済的に割りが合うとか報酬に釣られてやるわけではない。鍵になるのはチームとしての成果なのだ」

ホロビッツの学校でこれはどういう意味かといえば、生徒が一日中、木の机の並んだ教室で、自分たちだけで学習するようなことはもうやらない、ということだ。彼らは共同作業をする。チームで勉強する。共同プロジェクトを完成する。生徒は互いに助け合うことが期待されている。教師も以前よりはもっと協力的になった。

「つまりそれは『いかにして互いに関わり合い、現実の世界で成果を得るか?』ということだ」

と、ホロビッツは説明している。「われわれは生徒を将来に向けて備えさせている。彼らはもはや一人では実際に何もできない。チームとしての努力に深く関わらなければならない。そしてその努力の半分は、そのグループの中であまりうまくやれない連中を励ますという、社会技術を学ぶことである。彼らは間違えたり、答えが全部わからなかったといって、自分たちはダメだと思うようにさせてはいけない」

ある日、ホロビッツの学校の一年生が三人、グループ単位の一つのプロジェクトと取り組んでいた。一人の子どもは一枚の紙の上に「ｔｗｏ」という語を書くという課題を与えられていた。しかしその子は綴りを間違えて「ｔｏｗ」と書いていた。グループの中で一人の女の子がその間違いを指摘したとき、少年は一瞬気まずい思いをした。しかしそのとき女の子は言った。「そんなこと気にしないで。あなたが綴りを間違えたんだってことはわかってるわ。でも、そのｗって字はとっても上手ね。そうでしょう?」彼女は彼の膝を軽く叩き、三人の生徒たちは共同学習のよさを味わったのだった。

ハーバード・ビジネス・スクールのマーケティング科教授は最近、大学院一年生の学生たちとチームワークに関する実験を行った。通常の学期中間のケーススタディの試験の代わりに、これらの学生は無作為に四人ずつのチームに分けられ、各チームにはビジネスに関する課題が与えられ、それを解決し、二四時間以内に答えを書いて提出するようにと言われた。同じチームの学生には同点がつけられることになっていた。

「最初はとても批判がありました」と、ハーバード・ビジネス・スクールのジョン・クェルチ教授は言う。「何人かの学生たちは、自分がいっしょにやりたいとは思わないような連中と同じチームにされることで、自分の成績が悪くなると不平を言っていました」。それに対する学校の答えはこうだった。「それこそが現実の世界ではないか」と。

結果として、ハーバードの学生たちの意見は変わった。学生新聞がその実験の後で学生の世論調査をしたところ、彼らは新しい共同プロジェクト型の中間試験に圧倒的な支持を表明した。「最もためになった学習をしたのは」と、クェルチは言っている。「おそらく、あまり規則的な行動をしなかったグループにいた学生たちでしょう。いくつかのグループは、非常に大きな意見の違いを経験したが、振り返ってみると、すべての実験から最も多くを学んだのは彼らでした」

効果的なチームワークは、手品のようにできるものではない。協力しようとする学生のグループが必要であり、能力のあるコーチが必要である。たとえ高い能力をもった学生であるにしても、たとえ何人かの優秀な学生を一つのグループに集めたからといって、彼らにすばらしい活動をすることを期待できるとは限らない。

全米バスケットボール協会のオールスターゲームが、活気に欠ける理由はここにある。たしかにそのゲームで、アメリカの一流選手を一堂に集めていることを売り物にしている。一人ずつ見れば、ガードやフォワードやセンターにこれ以上の才能が集まっているところは、どこにもない。それではどうして、すばらしい才能の持ち主でいっぱいのコートで、それ相当のすばらしいゲームが展開されないのだろう？

あまりにも多くの利己心。スポットライトを浴びる、あまりに多くの時間。朝刊のスポーツ面に書かれることが多すぎる朝。ところがグループの一部として競技することになると、これらのスーパースターたちはしばしば一定の水準にも達しない。欠けている要素はチームワークである。

成功するチームを作り上げるには、一つの技術がある。そして偉大なコーチといえども、一晩で優勝者を作り上げることはほとんど不可能だ。しかし来るべき時代にリーダーになろうとする人は、いくつか基本的なコーチの技術をマスターする方がいい。それはバスケットボールのコートにおけると同様、ビジネスの世界においても欠くことのできないものである。

「目的を一つにしているという感覚をつくり出す」

共同で作業をする人は、思いがけないことまで成し遂げることができる。その特別の力をチームに与えるものは、個々のメンバーが共有している統一ビジョンである。

アイディア、創造力、知性のひらめきは、究極的にはグループの中から出てこなければならない。しかし強力なリーダーは、しばしばビジョンを明確にし、目標を確立し、チームが何をしようとしているかをチーム・メンバーに理解させ、これが成就すれば世の中にどういう感動を与えるかをチーム・メンバーに示すことに、全エネルギーを集中することが必要である。

アナログ・デバイス社の社長、レイ・ステータは言う。「よい環境を作り、会社の目標を示し、そして励ますことをしなければならない。そうして人びとが個人として、またチーム・メンバーとして、自分たちが世界一級で、他のどのチームよりもすばらしくて、そのことを確認できるような認知と反応があると感じられるようにするのだ」

「チーム目標を目標とせよ」

チーム全体が勝たなければ、グループの誰も勝者になれない。この考えはスポーツの世界ではきわめて当たり前のことであるが、他のどんな種類のチームにとっても同じだ。個々の記録はその歴史の記録としては意味のあるものだが、しかし実はそれは結果論である。それよりもはるかに重要なのは、チーム全体としての成績である。

「人にこんなふうに関わり合いをもたせ、互いに栄養を与え合っていると、それがまた伝染する」とラバーメイド社のウォルフガング・シュミットは言う。「それは、組立ラインの一員というよりは、スポーツチームの一員にはるかに近い。彼らの仕事に注ぎ込むエネルギーの強烈さが全然違ってくる」

これこそ、ほとんどのコーチやよいリーダーのほとんどが、一人称複数でしゃべることのきわめて多い理由である。「われわれは……しなければならない」「われわれのデッドラインは……」「われわれの前に置かれている任務は……」。よいリーダーは、めいめいの貢献がどのようにつながっていくかを、常に強調するのである。

ビジネス界においては、「われわれは協力して、この新製品を順調にマーケットに出さなければならない」。もし宣伝担当者がすごい仕事をしても、パッケージの専門家が失敗したら、それは成功とは言えない。

航海において、「われわれは協力して、この船に嵐を乗り越えさせなければならない」。もし航海士がペーパーバックの小説を読むように、容易に星座を読めても、船長に右舷と左舷の違いがわからなければ、その場合も成功ではない。

政界においては、「われわれは協力して、この選挙に勝たなければならない」。もし候補者がすばらしい雄弁家でも、支援スタッフが有権者に演説を聞かせてあげられなかったら、成功とは言えない。

「人間を、個人として存在するものとして扱え」

個人がチームとしてまとまって行動するときでも、彼らの個性が突然に蒸発してしまうわけではない。彼らは依然、それぞれの個性を持っている。依然として異なった能力を持っている。依然としてさまざまな希望や恐怖心を持っている。有能なリーダーはこれらの違いを認識し、評価し、それらをチームに役立つよう利用するのである。

個性それこそが、国際的に有名な体操コーチ、ベラ・カローリーが学生たちにオリンピックに備えさせた方法だった。「彼の望むものをつくり出していないときは」と、カローリーの花形弟子でオリンピックの金メダリスト、メアリ・ルー・レットンは回想している。「わたしを無視するのでした。だけどほんとうに彼に怒鳴りつけてほしかったんです」。しかしカローリーは非常に勘がよかったので、そういうやり方こそがまさにレットンに必要ということをよくわかっていた。「跳躍をしました。両手をあげ、それからくるりとまわりました。でも彼は演技を始めようとしている次の女の子をじっと見ています。わたしは自分のほうに注目してほしいと思っていました。彼に『よかったよ、メアリ・ルー』と言ってほしかったのです。彼はそのことばを使うことによって、わたしによい結果をあげさせ、自分の演技の誤りを正して、彼にほめてもらえるようにしたのです」

カローリーは単に気難し屋だったのだろうか？　とんでもない。他の学生には彼はまったく違ったやり方をした。レットンは、彼がチームメイトのジュリアンヌ・マクナマラに対してとった態度をけっして忘れないだろう。「彼女はわたしとはまったく違った性格の持ち主です。彼女はずっと臆病で、少し内気なところがあります。彼は彼女に対してはとても穏やかでした。彼女が欠点を直さないでいると、彼はやって来て体の向きを変えてやり、静かに話しかけました。彼はいつでも、彼女に対してはずっと物静かでした。そういうやり方で彼は一人ひとりに好成績をあげさせたのです」

「彼は学生たち一人ひとりに違ったやり方で接しました。それはとても大事なことだと思います」

「一人ひとりのメンバーに、チームとしての成果へ責任を持たせよう」

人びとは、自分の貢献が重要であると実感することが必要だ。そうでなければ彼らは、いまやっている仕事に完全に打ち込むことをしなくなるだろう。

個々のプロジェクトをチームのものとさせること。できるだけ多くの決定をグループがすること。参加を歓迎すること。上から解決策を押し付けないこと。ある特定のやり方ですべきだと強要しないこと。

ジェイクラフト社はある問題を抱えていた。最大の取引先が大量注文をしてきたので、とても納期が間に合いそうになかった。社長のダグ・バン・ベフテンは上から解決策を出すこともできたはずだった。

しかし彼は、そんなことをしようとするほど愚かではなかった。その代わりに彼はある従業員チームに、どうしたらいいか考え出すようにと言った。「彼らはわたしのところへ来て、言いました。『ほかの仕事をいくつかずらせば、できると思います。この注文を受けましょう』」と、バン・ベフテンは思い出す。ジェイクラフト社はそれを受注して、顧客の要求する納期に間に合わせたのである。

「手柄はわかちながら、非難の責任は自分が取ろう」

チームワークがうまくいって、それが認められているときには、その利益を広くわかち与えるのがリーダーたるものの責務である。みなからの賞賛、トップからのボーナス、社内報のベタほめ記事、その認知がどういう形をとっているにせよ、全員がたっぷりとその分け前に与かるべきである。

ホッケーチームのニューヨーク・アイランダーズの前キャプテンであったデニス・ポトビンは、チームがスタンリー杯を獲得したとき、その栄光をいかにわかつか、わからなかったわけではなかった。しかし彼が万が一知らないかもしれないと思って、チームプレーの何たるかをよくわかっているコーチのアル・アーバーが、彼にそれを教えたのであった。「優勝カップは他の連中に持たせるんだぞ」と彼は、優勝戦の終わりを告げる笛が鳴った数秒後に、ポトビンの耳許で囁いたのである。

「彼は氷の上に出てきて、喜びに湧くアイランダーズのベンチへ突進してきました」とポトビンは説明する。「互いにおめでとうと言い合っていました。振り向くとそこにアルがいました。われわれは抱き合いました。で、そのときだったんです。彼がわたしの耳にそう囁いたのは」

「わたしはとても感動しました」と回想している。「彼こそがチーム全体を掌握していたんだなと。スタンリー杯をたったいま獲ったばかりのときなのに、まだ選手のことを考えていたんです。コーチとしてはじめて克ち得たのだ」

人間は誰でも賞賛に包まれることを、常に喜ぶものだ。賞賛が彼らに最大の努力を払わせ、自分たちをこの成功へと導いたリーダーと、またいっしょに働きたいという意欲を持たせるのである。そしてこんなふうに度量が大きいと、もう一つ別の利益がある。結局、その栄誉のより大きな分け前を手にするのはリーダーだということだ。

逆に批判を受けたときは、賢いリーダーはまったく反対のことをする。他人を指さして非難してはいけない。仲間の鎖の「弱い環」を公の席で非難してはならない。自分から一歩前に出て、どんな苦情が出てこようと全部受け入れることだ。それからチーム・メンバーには人のいないところで個人的に、どうすればこの結果がもっとよくなるかを話し、次にはもっとうまくやるように仕向けることだ。

「あらゆる機会を利用して、チームへの信頼を築け」

偉大なリーダーというものは、チームを強く信頼し、その信頼を全メンバーと共有しようとするものだ。

幼稚園教師のバーバラ・ハマーマンがクラスで実行に移したレッスンがそれであり、これは、同様に工場にも会議にも応用可能だ。「わたしは教室内に学級精神《クラス・スピリット》を打ち立てようと思っています」、と彼女は言っている。「クラスの子どもたちにとっては、このクラスが一番いいクラスなんです。そこにはグループを失望させたくないという――一人はみなのために、みなは一人のためにといった――気持ちがあります。そして、またわれわれには決められており、そして見直されることもあり、そして年を通して強められつづけている、ある行動規範があります。子どもたちにも、そういう規範がよくわかっているんです」

子どもたちは、規範に脅えているのではない。「彼らは喜んで規範を守ります。なぜならわたしたちはすぐれているのですから」とハーマンは言った。

「すてきなグループの一員だと感じたくない人が、どこにいるでしょう？　他の人たちから賞賛されたとき、自分たちが成し遂げつつある進歩と、自分の中に起こっている変化とにはじめて気づくことができます。そしてあの子たちは、きっと自分たち自身をすてきだと思っているんですよ」

「関わりを持て、関わりを持ちつづけよ」

例の古めかしいピラミッド型企業では、上司がどちらかといえば、みなから離れてお高くとまっていることは容易だった。つまりお気に入りの一団が、上司の最新の命令を軍団に分配すべく、いつも周囲をうろついている。

こういうやり方は、チームを基礎とする新しい世界では流行らない。強力なリーダーはみなとともにいて、ともにいつづけなければならない。リーダーを戦闘中の航空母艦のデッキに立って、任務に就いている艦長だと想像してみよう。航空機が帰艦してくる。他の機は発進している。艦はコースを外れてはならないし、敵の攻撃からも守らなければならない。こういう考慮が同時に働かなければならない。

リーダーはいつもそこに「いなければ」ならない。「経験をもち、人の話を聴かなくてはならない」とニューヨーク、マンハセットのノース・ショア大学病院長、ジャック・ギャラガーは言っている。「しかししばらくすると、もし十分に経験を積んだり、十分に働いたり、賢明だったり、宿題をきちんとやったりしたら、それらの発着するすべての航空機と、まわりのあらゆる状況をちゃんとつかめるようになる」

いつも詳細な戦闘計画を立てることはできない。「直観を働かさなければならない。アンテナを張っていなければならない。頭の後ろにあるアンテナをだ」とギャラガーは言う。

「たしかにあまりに多くのことが同時進行しているので、これはきわめて複雑なビジネスだ。しかし、その直観力を発達させることはできる」

「よい手本であれ」

リーダーの仕事とは、才能を育て、チームの人びとを強化することである。短期的に見ても、そういうことだ。チーム・メンバーは当面、自分たちに与えられた任務を遂行するのだから。しかし長い眼で見る場合もそうである。リーダーはチーム・メンバーたちのすべての人生と経歴とに対して、心から責任を負わなければならないからである。

「どんなふうに向上したいのか?」「職業としてここからどう発展させたいのか?」「どんな新しい責任を負いたいと思っているのか?」こういう質問をすべて投げかけ、持てるかぎりの知識と経験とを駆使して、チーム・メンバーが自分たちの目標に達するのを助けることが、リーダーとしての仕事だ。

彼らの能力に対して持っている信頼を強めよう。彼らに進んで従うべき規範を示そう。みなの前で心からの賛辞を贈ろう。「サリーはこのレポートで、すばらしい仕事をやってくれた」と。個人的な手紙を送ろう。「今日の意見はすばらしいものだった。きみは、大切な点にわれわれの注意を向けさせてくれたのだ」と。もし彼らが成功すれば、あなたも成功したことになるということを記憶すべきだ。

ハーバード・ビジネス・スクールでは、新任の教員は成功しようが成功しまいが放ったままということはない。

「マーケティングの初級コースを教えている七、八人の講師は全員、集まって、毎週四時間ほど現在問題になっているケースを検討し、どういうふうにそのケースを教えるのが一番いいかを議論する」と、ジョン・クェルチ教授は言う。「彼らはまた、そのケースは先週はどうだったか、どういう改善がなされるべきか等々も吟味する。こんなふうにして新任の講師たちは、わが経験豊富な教授陣から、教え方のさわりを頂戴することができるのだ」

先輩の教授陣メンバーは、その他にも支援策を用意している。一学期に三、四回、彼らの一人が新任講師の授業に出る。彼らが出るのは援助するためであって、審判するためではない。「彼らはそこではコーチに似た役割をする」とクェルチ教授は説明している。「昇進を決定する勤務評定のために、レポートをつくるというよりはね。その目的は、われわれが投資した資産――つまり新任教師陣のことだが――の値打ちを高めることなんだ」

授業のあと先輩教授は、短期および長期的な観点からの改善のためのアドバイスを提供するかもしれない。「いつも新任教員に言っていたのは」とクェルチは続ける。「『この次の授業でやればいいと思うことが五点ある。それが、クラスから受け入れられるための良い結果になるだろう』と言う。ヒントというのは、たとえば、黒板に書く字はもっと大きくした方がいいというふうな、一見些細なことも含まれているだろう。あるいは『いつも黒板のまわりにいて、教室の前方でいつも同じ所に立って生徒の方に向いて教えるようにしないようにしたまえ。教室中を動いて、生徒の後ろに立ちたまえ。いっしょに体験するんだ』とかね」

フランクリン・デラノ・ルーズベルトの死に際して、ウォルター・リップマンが書いているように、「良きリーダーか否かの最終試験は、彼の信念と意志とを他の人びとの中に残し、彼らがそれらを遂行しつづけるかどうかにある」

これらの数少ない単純なテクニックに従い、どのようにきみのチームが成功するかを見守りたまえ。リーダーが勝ち得ることのできる最大の報いは――つまり、リーダーが残すことのできる最大の遺産は――才能があり、自信があり、協力して、自分たち自身がリーダーとなることのできる人びとからなるグループが、それなのである。

チームの中でよく働く人が、
明日のリーダーである。

8 他人の人格に敬意を払う

クライスラーはフランクリン・デラノ・ルーズベルトのために特別車を作った。というのは彼の脚は麻痺していて、普通の車は使えなかったからである。W・F・チェンバレンと一人の職工とが、その車をホワイトハウスに運んだ。いまここに、チェンバレン氏が彼の体験を記したわたしへの手紙がある。

「わたしはルーズベルト大統領に特殊な部品を多く使っている車の操縦法を教えたが、彼の方はわたしに人の操縦の仕方をいろいろ教えてくれた。わたしがホワイトハウスを訪問したとき」とチェンバレン氏は書いている。「大統領は非常に機嫌よく、うれしそうだった。彼はわたしをファーストネームで呼び、わたしはとても気楽になった。とくに感銘を受けたのは、彼に見せたり話したりしなければならなかったことに、真から興味を持ってくれたことだった」

「車は手だけで完全に運転できるように設計されていた。人びとが車を見に集まってきた。そして彼は言った。『すばらしい。ボタンに触れるだけで動かすことができる。大したものだ。どうしてこうなるんだろう。バラバラにして、どうなっているかを調べる時間があるといいんだが』」

「ルーズベルトの友人や支持者たちがその自動車を賞賛したとき、彼は彼らの目の前で言った。『チェンバレンさん、あなたがこの車を作り上げるために費やされた時間と努力に心から敬意を払います。とてもすばらしい仕事です』。彼はラジエーターをほめた。それから特製のバックミラーと時計を、特製のスポットライトを、車内の装飾の色調を、ドライバーのシートの座り心地を、トランクの中の一つひとつを、特製のスーツケースをほめた。つまり言い換えれば、わたしが相当に配慮したと彼が考えた細部のすべてに、関心を示したのである。彼はルーズベルト夫人、労働長官、パーキンズ氏、彼の秘書らにも、こうした細々した設備に注意を向けさせた。彼はホワイトハウスに古くからいる使用人にまで『ジョージ、スーツケースは特別に念入りに扱ってくれるだろうね』と声をかけて、話に仲間入りさせた」

「ドライブの練習が終わると、大統領はわたしの方に向き直って言った。『さてチェンバレンさん、わたしは連邦準備制度理事会をもう三〇分も待たせているんです。もう仕事に戻らなくては』」

デール・カーネギー

ドン・モンティは、彼の家族が絶望的な知らせを受け取ったとき、一六歳だった。白血病だった。おそらくあと二週間の命、と医師は考えていた。

「わたしたちは病院のドンの部屋にいました」と彼の母親、ティタ・モンティは思い出を語った。「それは彼が診断を受けた直後でした。わたしたちは彼に、致命的な病気に罹っていることを知らせまいと、とても気を遣っていました。デグナン医師にも何も言わないでくださいと頼みました。当たり障りのない話をし、何でもないようすを装っていました」

その夜ドンの両親は、一五項目からなる病院の規則を無視することに決めた。息子のために病院で自家製の肉料理の支度をした。「あの子はフェトチーネ・アルフレイドが好きでした」と母親は思い出す。「わたしたちはドアを閉め、スターノウの小さな缶を持っていました。彼のためにフェトチーネ・アルフレイドを作っていました。ノックの音がして、トム・デグナン医師が入ってきました。わたしは息を呑み、こう思いました。『しまった。彼は何と言うだろう？』こんなことははじめてでした」

「デグナン医師は、見まわして言いました。『おや、これは僕の大好物だ』。彼が座ると、わたしたちは彼に料理を差し出しました。『自分は医者で、そちらは患者』というふうな感じは全然ありませんでした」

デグナン医師はドン・モンティの病室に入ってきたとき、どんなことでも言えたはずだった。「誰かあなたたちに、病院の規則を説明しなかったの？」と言うこともできただろうし、「なぜ部屋で料理なんかしているの？」と言うこともできただろう。また「フェトチーネ・アルフレイドなんか、病院食の献立表にはないよ」と言うことも。

しかしデグナンは、彼の患者とその家族それぞれの人格に敬意を払った。彼は一度も自分の権威を振りかざしたりはしなかった。彼はただ彼らの傍らに座り、モンティ家の人たちを人間として扱ったのだ。信頼関係を築き上げる唯一の方法は、他人の人格に敬意を示すことだ。

マディソン通りの巨大広告企業、J・ウォルター・トンプソン社社長、バート・マニングは、最近、若いコピーライターの集まりで講演を依頼された。ほとんどの人たちが二〇歳代か三〇歳代の前半で、非常に競争が激しく、ときに無慈悲ですらあるこのビジネスの世界に入ったばかりだったので、マニングのような広告業界での伝説的人物から、仕事のコツを学びたがっていたのである。マニングは彼らの生まれた頃からずっと今日まで、この業界でトップの座を占めつづけて来た人なのだ。

「頭脳と才能とエネルギーは、このレースへの単なる参加料だ」と、その日マニングは、目を輝かせている聴衆に向かって語った。「これらなしには業界の門をくぐることさえできない」

しかし到底、こういう才能だけでは十分ではない。「勝つためにはそれ以上のものが必要だ」と彼は言った。「勝つためには秘訣を悟り、それによって生きなければならない。それは簡単なことだ。この魔法の秘訣とは何か？　それはこうだ。**おのれの欲するところを他人に施せ**」

まさにその通りだ。この黄金律はマディソン通りの中心でも通用する。マニングの論法は、宗教とか倫理とか、自己満足とか、善と悪との相違などを問題にするのではなかった。しかし彼は若いコピーライターたちに、そういうこともすべて彼の助言に従う立派な理由にはなる、と話したのだった。そして彼はもう一つ別の助言を与えた。この黄金律は必ず成果を生むということである。

「たとえ、きみが世界で一番他人のことに無関心な人間だとしても、たとえ、きみがひたすら自己の利益、金、特権、昇進だけしか頭にないとしても」と、このベテランの広告マンは言った。「これらすべてを手に入れる一番確実な方法は、どんなことがあっても、この黄金律に従うことだ」

企業における社長、教室における教師、スーパーマーケットの店員、彼らはみな、もっとよくなり、もっとよい仕事をし、もっと業績を伸ばし、もっと自分自身に満足できることだろう、それはもし彼らが、この単純で、昔から知られている一つのルール、「おのれの欲するところ、これを他人に施せ」をマスターするならば、あるいはもっと現代的な表現で言うなら、他人に対して敬意を示せ、そうすれば彼らはあなたに敬意を払ってくれるだろう、である。

今日の世界はOBクラブのようなものではない。一世代前と比べてさえはるかに複雑に組み合わされ、しかも多様な世界である。その多様性が最もよく現れているのは、ビジネスの社会である。女性たち、同性愛の人びと、障害のある人びと、あらゆる人種・民族出身の人びと――このような人びとすべてが、今日の世界を築いている要素である。

このような変化した環境において成功をおさめるためには、何びとたりとも、たとえ彼らがどのような出身で、どのような文化的背景を持っていようと、誰とでもうまくやっていくことが絶対に必要である。「二一世紀の労働力人口のうち、少数民族か、女性、あるいは移住者以外の人は、わずか一五パーセントか二〇パーセントになる」とコーニング社の会長、ジェームズ・ホートンは予測する。「ということはつまり、わたしたちがそれに当たるということだ。もしきみがその一五パーセントの中にとどまりたくないならば、すぐにあらゆる対応措置をとった方がいい」

別の文化――あるいはその他、それに代わる何でもいいが――に敬意を払う最善の方法は、それについて学ぶことである。故アーサー・アッシュをプロ・テニスに導いた事情の一つは、それだった。「自分の予定表にたくさんの旅行が組み込まれていることを知っていました」と彼は言った。「それこそ楽しみにしていたことでした。いろいろな場所へ行きたかったんです。『ナショナル・ジオグラフィック』誌の中で読んだことがある、そういうものを見たかったんです。それを知る機会を得たことをうれしく思いました」

アッシュは死の直前のインタビューで語っている。「いま思い返すと、さまざまな文化をもつ、非常に広範な人びととの交流、わたしたちにとって最も大切な思い出だと思います」

「旅行には二つの見方ができます」とアッシュは言っている。「自分の文化について非常に傲慢な態度をとることもできます。他の場所へ行ったときには、自分の文明よりも何千年も古い文明を持ったところから来ている人びとを見下すのです。多分彼らは技術面では遅れていて、われわれのシステムの方が上かもしれません。もう一つの見方は、『なるほど、彼らの物理的な条件や環境はあまりよくない。しかし彼らの持っている神学的、あるいは文化的な遺産は、何と豊かなのだろう。ここに一万年も住んでいるのだから、彼らは何かを知っているにちがいない。われわれの歴史はたかだか二百年なのだから』と思うことです。二番目の見方の方がずっといいと思いますね」。隣り合っている国でさえ、ものの見方は互いに異なっている。これらの相違は認識され、尊重されなければならないもので、けっして見下してはならない。それが、ヘルムート・クリングスが、ドイツとスイスの間を行き来しながら見出したことだった。クリングスはドイツ人で、ワークステーションのトップメーカー、サン・マイクロシステムズの中欧担当副社長である。

彼は言う。「わたしは比較することを避け、努めてドイツのことを話題にしないようにしています。もしあなたが自分の本国でのやり方が正しく、彼らが彼らの国でやっていることは正しくないといつも匂わせているとしたら、それは、みなが最も嫌がることなのです」

人びとはみな、自分の文化と言語に対する誇りを持っている。それはきわめて当然なことだ。ベルギーの副首相メルヒャー・ウェザレーは、フランス語を話すベルギー人家庭で育った。政治生活のはじめに、ウェザレーは、自国の言語上の障害を乗り越えるために、もう一つの公用語であるフラマン語を学ぶことを決心した。このことが彼を、フランス語とフラマン語の両方を流暢に話す、ベルギー最初のフランス系ベルギー人政治家にした。彼は国民全体への敬意を示したのである。彼は国家統一の象徴となって、政治的人気は高まった。彼は多様性のある世界で生きることを学んだのだった。

そこで、あなたが今日の会社の役員会で、大学で、地方の営業所で、非営利組織で、政府内で、多様性にうまく対処するのにはどうすればよいか？　第一段階は基本的なものだ。**相手の立場にたってみよう**。他の人びともこちらとまったく同様に生き、生活している人びとなのである。家庭で苦労をしていて、成功を望んでいる。こちらと同様に、尊敬と敬意と理解とをもって遇されることを望んでいる。

重要なことは、フリート銀行頭取、トマス・A・ダハティは言っている。「人びとが日常的にどう遇されているかということだ。人は一個人として遇され、認められることを望んでいる。それは、わたしが銀行に入社した二〇年前もその通りだったし、そしていまから一〇〇年後でも、やはりその通りであると思う」。ダハティはその理由について、はっきりしている。「なぜなら、われわれはすべて人間だからだ」

問題は、とダハティは言っている。「敬意をもって遇することだ。『おはよう』とか『ありがとう』のような、ちょっとしたことでも。わたしの考えではマネジメントの役割とは、それぞれが自分の最高の能力を発揮して行動できるような雰囲気をつくり出すことだ」。そういう雰囲気は、個人として尊敬され、遇されていると感じているときに作られる。自分たちが単なる員数だと感じているところには、それがない。

大きな成功をおさめた人びとが長年にわたって学んできたことは、自分が重要だと感じさせるには、たった一つの、あるいはいくつかの大袈裟なジェスチャーだけではほとんど無理だということだ。それは多くの、小さな行動を積み重ねて作り上げられるものである。

スカラマンドレ・シルク社のアドリアナ・ビターは、この威力を実際に見たことがある。一九八〇年代と後期一九九〇年代の初期は、織物業にとって苦しい時代だった。しかし彼女の会社は、従業員と力を合わせて乗り切った。「うちの社員は信じられないほどすばらしくて、いっしょにこの難局を切り抜けるために働きました」と、ビターは説明する。「つまり彼らはとてもすばらしかったんです。そして、それは仲間としての親近感によってでした。もしこの親近感がなかったら、どうしてわれわれに何かお返しをしなければと思ってくれたでしょう？　ご存じでしょうけど、お返しを貰おうと思えば、何かを誰かにしてあげなければなりません。ともかく、それがわたしたちの哲学なんです」

どのようにして、この親近感をつくり出せるだろうか？　ともに働いている人への敬意と共感と尊敬を示すこと、彼らが仕事の環境の外でもここに存在する人間であることを認識することによって、である。ビターの会社ではそれは、外から来た講師が従業員のことを、職人ではなく職工と言及したとき、重役がそれをやんわりと訂正するというようなことを指すのである。それはまた、ビターが工場内を歩きまわってデザイナーの一人に話しかけ、彼の飛行恐怖症を取り除き、予定の休暇を取れるようにしてやることだった。またそれは、社長室へのドアを開放しておき、染料工場での問題を話さなければならないときには、上半身裸の職人が、いつでも入って来られるようにしておくことだった。それはつまり、従業員ともっとよく話し合えるために、スペイン語を学ぶことだったのである。

ニューヨーク生命保険のフレッド・シーバートの職場は、これとは全然違う業界であるが、彼の見るところでは、いくつかのルールは同じである。保険業界においても、やはり小さな行動がすべてである。この業界においては、保険外交員が会社である。外交員が売らなければ、やがて会社はなくなってしまう。単純にそういうことだ。

何年か前、シーバートは国際保険のマッカビー社で働いていた。いくつかの会社が入居している新しいオフィスビルに移転したとき、シーバートは、重要な個人的接触は人が入れ代わってもなくならないことを確認しようと考えた。そこで彼は新しいビルの警備詰所をまず訪問した。「警備員一〇人ないし一二人を集めました」と、シーバートは思い出して言っている。「彼らはこちらが保険会社だということすら知りませんでした。ただ会社の名前を知っているだけで。そこでわたしは言いました。『デトロイトには何人か幹部外交員がいるんだ。もしここへ入ってくる人が外交員とわかったら、大いに丁重に歓迎してあげてほしい。何でも必要だと思うことをしてあげなさい。七階まで訪問客を案内して、適当な人を尋ね当てなければならないのなら、そうしてほしい』。後に何人かの外交員から、彼がビルに足を踏み入れたとき、どういう扱いを受けたかについて、フィードバックを得ました」

このような些細な行為が積み上げられ、全体として大きなものになる。つまり人びとは自分自身に対する重要感を持つようになるのだ。自分たちの会社が自分たちのことを心配してくれ、自分たちの必要とするものを理解してくれていると信じる人たちは、一所懸命に働いて報いようとし、会社の目標を達成しようと努力する。

デール・カーネギーはフランクリン・デラノ・ルーズベルト大統領のキャンペーン・マネジャー、ジム・ファーリーの話をよくしたものだ。ファーリーは、自分が接した人の名前を全部覚えること――そして、それを引用すること――を仕事にしていた。それはときとして数千人の名前を覚えることだった。ルーズベルトの選挙キャンペーンをしながら、ファーリーは船で、汽車で、自動車で旅行し、町から町へと飛びまわり、駅ごとに何百人もの人に出会ったものだった。何週間もの旅から戻ったときには、すっかり疲れ果てていた。それでも彼は、自分が絶対に必要だと考えている仕事をやり終えるまでは、眠らなかった。彼はキャンペーンの途中で会った人すべてに、それぞれ自分の直筆の手紙を出した。しかもそれを一人ひとりのファーストネームで書き始めたものだ。『親愛なるビル』とか『親愛なるリタ』というふうに。

今日でも人びとはこういう些細なことを喜ぶだろうか？　それは絶対である。留守中にかかってきた電話に答えること、名前を覚えること、敬意をもって人を遇すること――これらはどんなリーダーにでもやれて、しかも一番重要なことだ。「こういう基本的なことが」と宣伝マンのバート・マニングは語っている。「役に立つのである。それこそ自分をその他大勢から引き立たせるものだ。こういう基本的なことを、やめずにやりつづけることだ」

最近マニングの事務所へのある訪問客は、ちょっとしたことで感激したのである。事務所には洋服掛けが一つしかなかった。マニングは客のオーバーコートをとって洋服掛けにかけた。そして自分のオーバーコートは、ドアの把手に引っかけた。些細なことだって？　おそらく。しかし、それが気づかれなかったと思ってはいけない。そのちょっとした仕ぐさが、あることを言い表わしている。「あなたのことを気にかけています。あなたの気にしていることがわたしの気にしていることです。われわれはこの点では一心同体です」。真によい環境とは、このようにしてつくり出されるである。

さらに強調するには、第二段階として黄金律に従うことだ。すなわち、**従業員を同僚として扱い、見下したり、一方的に命令したり、叱りつけたりしてはならない**。彼らは要するに奴隷ではなく、協力者もしくは最良の友なのだ。だから彼らをそれにふさわしく遇することである。組織内の何びとも、それぞれの人間性を認識することだ。大ボスのような振舞いは、相手にやる気を起こさせず、地位を嵩に着る人間への恨みを引き起こす。

敬意というものの偉大な力があるのに、どうしてあんなに多くのマネジャーが、自分のために働いてくれている人びとの品位を貶めたり怒鳴りつけたりする習慣に陥るのだろう？　その理由は多くの場合、自尊心の低さにある。フリート銀行の親会社、フリート・ファイナンシャル・グループ社の副社長、ジョン・B・ロビンソンは言う。「マネジャーはいつも危険に曝されています。彼らはいつも賭をしています。困難な状況にいるために、不自然な態度をとっているのです。長年強靱なマネジャーになろうとしながら、実際は強靱なマネジャーではない人たちを何人も見てきている。多分それは、自分自身の居心地悪さを隠そうとしているのですよ」

では、そういうことが役に立つのだろうか？ いや、けっして役立たない。「彼らは口汚く罵り、命令したり、わざとらしいことをしたりして、みなから敬意を求めようとします」と、ロビンソンは説明している。「しかしそうすれば、普通はまったくの逆効果なのです」。理由は簡単。人は脅迫に対してはあまりよい反応を示さないものだ。

従業員たちに、こちらもまた一人の人間であることを見せる方が、はるかに効果的だ。相手を自分と同等のものか貴重な財産として処遇し、単なる組織という機械の一部品のように扱ってはならない。しなければならないことはと、SGS・トンプソン・エレクトロニック社のビル・マカヒラヒラは言っている。「われわれ自身から地位や肩書きを剝ぎ取ることだ。それはわれわれが過去にどう見ていたかを示すことばで書かれているのだから。そして誰もが何かを貢献しているという見方をすることだ」

あるビジネス・リーダーにとっては、このことは従業員と上司との関係について斬新な考え方であるかもしれない。正しい気風は敬意を基調とし、開かれたコミュニケーションが起こるように設定されなければならないと、ジョン・ロビンソンは信じている。「しなければならないことの一つは、謙虚さを持ちつづけることだと思う。会社という世界では、上に行けば行くほど、自分は肩書通りの重要な人物なのだとか、地位が示している通りの頭のいい人間なのだとか、いとも簡単に信じ込んでしまう」。何年も前ロビンソンは、どんなにすばらしい肩書をもっていようとも、自分はともに働く人とまったく同じと思い知らせてくれる、すばらしい方法を発見した。「わたしは三〇歳代のはじめに銀行の頭取でした。そのことを非常に重要なことと思っていました」と、彼は回想している。「その頃、家に帰ると、赤ん坊はいつもオムツを濡らして、かわいそうな状態でした。それでいつもオムツを換えてやったものです。そうするとすぐに自分を取り戻して、視野が開けてきました。子どもたちが、わたしの感覚のバランスを正常に保ってくれたのです」

他人の立場を自分に置き換えてみること。見下さないこと。この二つは両方とも大事なことだ。さて黄金律への第三段階はこうだ。**人びとを巻き込め。**彼らに挑戦させよ。彼らの意見を求めよ。彼らの協力を奨励しよう。

仕事はほとんどの場合、あなたの場合と同様、彼らの生活の大部分を占めている。彼らが仕事に入り込むことを望んでいるのも、ほとんど確実である。彼らはどっぷりつかりたがっている。彼らは挑戦され、もっと能力を使いたがっている。自分の意見は無視されたくないのである。

自分のやっていることに情熱を持ち、没頭している人は、よい成果を生み出すものだ。アナログ・デバイス社のレイ・ステータが指摘しているように、「人びとが欲しているのは自分が重要であり、成果を表し、影響があることを感ずることである」

このような感覚はどうすれば作り出せるか？　従業員に権限と力を与え、彼らに挑戦させ、彼らを組織の計画に参加させることによってである。ステータは言う。「自分の能力にふさわしいと感じ、あるいは多分、ほんの少し能力以上の仕事をしたと感じるような、仕事や課題を持たせることだ。わたしの考えでは、やる気を起こさせる最も重要な点は、それが真の挑戦であり、期待が寄せられているような方法で、ある課題を個人に結びつけることだ」

ラバーメイド社は、このことを早くから理解していた。この会社は従業員へ権限と力を与える管理方法を率先して導入していた。一九八〇年代後期に、数百万ドルの新設備の設計に当たる際に、当時の上司は命令を出したりはしなかった。その代わりにラバーメイド社では従業員、つまり実際にその機械を使うことになる人に、その段取りを任せたのである。ウォルフガング・シュミットは説明している。「六人からなるチームを作り、これらの人は生産担当者たちと経営陣からの一人でした。彼らはこの種の設備を作っているいくつもの会社に出かけていき、設計基準を作りました。どれを購入すべきかを推薦したのは、彼らです。ヨーロッパで、この場合はドイツですが、実際に機械を使う訓練を受けたのも、彼らです。彼らは納入元の人たちと帰ってきて据えつけ、管理しました。スケジュールを立てて、品質を保証しました。保全のための整備作業をしました」

このやり方の成果は、ラバーメイド社にとってきわめて大きいものだった。同社はこの業界で最高の従業員定着率をもつ会社の一つである。そして同社の従業員はよく働く。八二年から九二年まで、ラバーメイド社は平均して年間二五・七パーセントの配当を株主に支払っている。

ビル・マカヒラヒラは従業員に権限と力を与える方法を、自分の最も重要な役割の一つと述べている。それはしばしば難しいことがある。従業員に自信を持たせることであり、マカヒラヒラのことばによれば、「従業員が自分たち自身の考えや計画をまとめ上げるのを援助し、それからそれを彼らの心の中に取り込むことにより、自信を持って持てる実力を発揮させるようにしてあげる」ことである。それは後ろに一歩下がって、相手が決心することを支えることであり、彼らの仕事を乗っ取ることではないのである。

「わたしの考えでは、それが正しい決定とか間違った決定とかいうものではありません」と彼は言っている。「決定の全権を与えなければなりません。そして、もしなされた決定が最善のものでなかったときには、それについて話し合うことにしております。しかし最善の決定であれば補強してやり、そのことに確信が持てるようにしてやるのです」

難しいことだが、努力のし甲斐があることは、結果が証明している。従業員たちは自分たちがしていることに心から没頭するようになる。多分、レイ・ステータの表現が一番当たっているだろう。「特に教育があり、専門を持ち、知識のある労働者にとって、最も重要なことは、自己能力の達成、自己の希望の実現の全過程なのだ。だから自分の能力を発展させる点で、絶えず向上と成長が続いていると実感することが、明日に向かってまたやる気を起こさせる最も重要な要素になる」

人びとを丁重に遇するのである。あなたと同等の人間として遇して、彼らをチームとしての仕事をするために取り込もう。人格尊重の働き場所を作り出すための究極の方法はこれである。組

織を大きな面でも小さな面でも人間的なものにしよう。

形に表われたやり方というのも、大きな役割を果たすことがある。たとえば大きな重役の机に座ってばかりいないで、そこを離れるのだ。ハーモン・アソシエイツ社のジョイス・ハーベイは、事務所に小さな会議用の机があって、それを使っている。「われわれはこのまわりに座って話します。昼間に会合をすることが多く、昼食時に会議に参加する従業員には、ランチを用意していますす。そうすると、もっと肩のこらない形式張らないものになりますし、それによって彼らの時間に配慮し、尊重していることが示せるのです」

コーニング・ラボ・サービス社の会長、E・マーチン・ギブソンは、象徴主義以上の行動をする。彼は組織を人間的なものにすることは非常に重要で、だからこそ、そういう考えから、工場内の物理的な設備を計画したのだ。「二万人、一万五〇〇〇人、二万人もの労働者が同じ場所で働いているなんて、正気の沙汰ではない」とギブソンは言う。「一万人の人間が入り交じっている場所に車を停めて歩いていくなんて、とても考えられない。いつも自問するだろう、『もし蒸発したら、誰かが気がついてくれるだろうか?』と。答えはノーだ。それとも彼らの言うことはせいぜい『あの老いぼれの、なんとかいう奴はどこだ?』というところだろう」

これは自分とは無関係と感じる労働者は、組織のやることをあまり熱心にやらないだろう。コーニング・ラボ・サービス社はこれに気づき、解決策を見出した。同社の三二の部署を物理的に異なった場所に配置したのである。そのうちの一つは大きくて、一九〇〇人の従業員がいるが、その他の場所の従業員数は三〇〇人から六〇〇人までである。

結果はどうだったか？　「毎朝出勤すると、互いの名前がわかるようになりました」とギブソンは言う。「もし蒸発したら誰かが気づくでしょう。小さな単位で働いているときには、いなくなればすぐにわかります。みな互いのファーストネームを知っています。これはすばらしいことです」ラバーメイド社のウォルフガング・シュミットも同意見だ。彼が自分の会社を四〇〇人から六〇〇人規模に抑えているのも、この理由からだ。どうしてそんな規模に？　金を節約するためか？全然違う。「決定的に重要と考えているのは、人間関係だからです」とシュミットは説明する。「四〇〇から六〇〇人以上になると、互いの個性、理解、共感といった側面が失われると考えています。ある種有機的に存在するのではなく、人工的な理解をつくり上げるために、頭越しに幾重にも積み重ねなければならなくなります。そこで人間的な視点からも、純粋にコストの点からも、この程度の規模にしておくことが、実際賢明なやり方なのです」

シュミットはさらに従業員と面接して、彼らが会社の規模に満足しているという結論になったと述べている。「このやり方を堅持すればするほど、組織の一員であることに喜びを感じ、一体感がますます深まることがわかりました」

この問題は、死活に関わる重要性を持つ。それもただトップマネジャーたちにとってというだけではない。わたしたちのすべて——どの部署にいようとも、地位や生いたち、あるいは人間関係がどうであろうとも——は他人の重要性と尊厳に敬意を払うことによって、さらに前進し、さらに大きなものを達成するであろう。

これは別に新しい考え方ではない。何年も前に、デール・カーネギーは世界中のすべての人びとにこれを適用していた。「あなたは自分が日本人よりも優秀だと思いますか？」とカーネギーは尋ねた。「実は日本人は、自分たちがあなた方よりはるかに優秀と考えています。あなたは自分たちをインドのヒンズー教徒よりも優れていると思っていますか？　そう考えるのはあなたの勝手です。しかし、一〇〇万人のヒンズー教徒はあなたがたより断然すぐれていると思っています」

「各国民はそれぞれ自分たちが他の国民よりすぐれていると思っています。それが愛国主義と戦争を育むのです」

「永遠の真理は、あなたが出会うほとんどの人がすべて、何らかの点であなたよりもすぐれているということです。彼らの心を動かす確かな方法は、あなたが彼らの重要性をきわめてよく認識しており、しかもそれを誠実に認識していることを、彼らにそれとなく理解してもらう以外にはありません」

他人を真に尊重することが、
やる気を起こさせる基盤である。

9 認知・賞賛・報奨

一九世紀のはじめ、ロンドンで一人の若者が作家になりたいと熱望していた。しかしすべては彼の願望とは逆の方向に行くようだった。彼が学校に通ったのはたった四年間だけだった。彼の父親は借金が払えなくて刑務所に入ったままだったし、この若者は飢えの苦しさをしばしば味わった。ついに彼はねずみの走りまわる倉庫で瓶にラベルを貼る仕事にありついた。そして夜は惨めな屋根裏部屋でもう二人の少年たち—ロンドンのスラムから来た浮浪児—といっしょに眠った。彼は自分の物書きとしての才能にほとんど自信がなかったので、誰にも笑われないように真夜中にこっそりと抜け出して、最初の原稿を投函した。作品はどれもこれも返却されてきた。しかしついにその一つが受け取ってもらえるという歓喜の日がやって来た。実を言うと、彼は原稿料こそ貰わなかったが、一人の編集者が彼の作品をほめ、彼を認めたのだった。彼は興奮した。うれしさのあまり、あてどもなく街をさまよい歩いた。涙で頬を濡らしながら。その賞賛が、すなわち一つの作品が印刷されることによって認められたという事実が、彼の生涯を変えた。もしその励ましがなかったら、彼は生涯をあのねずみの走りまわる工場で送ったかもしれない。あなたも多分その少年の名前を聞いたことがあろう。彼の名前はチャールズ・ディケンズである。

デール・カーネギー

化粧品会社の創立者メアリ・ケイ・アッシュの最初の職業は、スタンリー・ホームプロダクツ社のセールス・パーティを開くことだった。彼女はあまり優秀なセールス・ウーマンではなかった。少なくとも最初は、「一回パーティを開くごとに、その家の主婦に四ドル九九セントの手数料を支払わなければなりませんでした」と、アッシュは回想している。「一回のパーティでの売り上げは約七ドルでしたから、その家を出るときには、たった二ドルしか残りませんでした」。しかしアッシュには、扶養すべき三人の幼な子がいるのに、これといった技能を持っていなかった。それで彼女はこつこつとその仕事を続けていた。

数週間後、彼女は、こんなやり方ではとても生活を維持していけない、早く何か変えなければ、と悟った。思い切った行動をとるべきときがやって来たのだ。「仕事仲間が何を売ったかを話してくれるのを注意深く聞いて、尋ねました。『どうやって売ったの？　口惜しい、誰もわたしのモップを買ってはくれなかったわ』。どうしたらいいのかわかりませんでした。そこでわたしは言いました。『スタンリーの社員大会に行って、売り方を見つけなくちゃならないわ。三人の子どもに食べさせなくちゃならないんだから』」

その頃、テキサス州でシングルの母親になるなんてことは、まったくの冒険だった。アッシュには金がなく、力づけてくれる人もいなかった。「大会へ行くお金を借りなければなりませんでした」と彼女は語った。「一二ドルかかるんです。貸切列車で――どんなに昔の話かよくおわかりでしょう――ヒューストンからダラスへの往復とアドルファス・ホテルに三泊の費用です。いまだったら、たった一二ドルではホテルの敷居をまたぐことすらできないでしょう。その一二ドルを友だちから借りました。一二ドルの借金を申し込むことで、たくさんの友人を失いました。借りようとしただけなんです。貸してくれたその友人もこう言いました。『そこに行かないで、その一二ドルで子どもたちに靴を買ってやるべきよ。男の人が行くような、そんないかがわしいところへ行くべきじゃないわ』」

しかし、アッシュは決心を変えなかった。「主催者は食べることについては何も言いませんでしたが、わたしは食べなければなりません。そこで考えました。『そうだ、チーズとクラッカーを詰めていった方がいいわ』。それから私はチーズ一ポンドとクラッカー一箱を包んで、スタンリー社のサンプルの入っていた箱を空にしました。それがわたしのスーツケースになりました。それが本物のスーツケースは持っていなかったのです。そして、わたしの持っていたたった一枚の着替えを、チーズやクラッカーといっしょに、詰めました。

「その汽車に乗ると、乗客はみな歌い始めました。『ス・タ・ン・リ・イ、いつもスタンリー、聞こえてくるのはスタンリー、そのほかは何も聞こえなかった』。わたしも同じように歌いましたが、当惑しました。『おやまあ、この人たち、ちょっとおかしいんじゃない』。わたしは彼らの仲間ではないような振りをしました。着る物もありませんし、何も持っていませんでしたので。ひどく脅えているように見えたに違いありません。けれどそこに着いて、人生が変わりました」

彼女の人生が変わったって？

「スタンリーの人びとは、ある若い女性を女王に選びました。彼女の名前はリビタ・オブライエンでした。忘れもしません。彼女は背が高く、痩せこけていて、髪は黒く、そして成功者でした。わたしとは正反対でした。部屋の最後列から見ていて、決めたのです。次の年にはわたしがあの女王になろうと。彼女にはワニ皮の鞄が贈られました。それはとてもすてきな賞品でした。心底そのワニ皮の鞄がほしいと思いました」

「販売方法のマニュアルはありませんでした。しかし三つのことが言われました。第一は、鉄道線路のあるところは、どこまでも行け。そして理想は高く持てと言うのです。そうです、スタンリーで働き、私の理想としては、あの女のワニ皮鞄にじっと狙いをつけました。きっと彼女は列の後方にいて、それを強く感じたに違いありません。彼らが三番目に、すなわち最後に言ったのは、誰かに「あなたの決意表明をしなさい」ということでした。部屋を見まわして、こんな連中にそのことを話してもむだだと思いました。そこで、前の方に立っている社長のところへ立ち上がって行きました。わたしはフランク・サミー・ベバリッジ氏のところへ行って、言いました。『ベバリッジさん、来年はわたしが女王になります』と」

「もし話しかけているわたしが誰か知っていたら、彼はきっと笑ったでしょう。仕事を始めてたった三週間で、スタンリー・パーティでは平均七ドルの売上げしかなく、それでいて来年は女王になるなんて？　バカみたいです、ほんとうに。でも彼はとても親切な人でした。わたしの中に何を見たのかわかりませんが、手を取って、わたしの眼をじっと見つめて言いました。『そうだね。何とかしてあなたがなれると、わたしも思うよ』。このことばがわたしの人生を変えたのです。彼を裏切ることはできませんでした。つまり来年女王になると誓ったわけですから」。そして彼女はその通りになった。

メアリ・ケイ・アッシュは、その後化粧品会社を設立して好成績を挙げ、パートタイムのメアリ・ケイ・セールズの人びとを使って、友人や近所、職場の同僚などに製品を売った。彼女が成功への意欲をかきたてられたのは、まだスタンリー社の一員になる前だった。彼女はそうせざるを得なかったのだ。夫もなく、他に仕事もなく、家にはお腹を空かせた三人の子どもがいた。そのうえ、成功がもたらす快感を彼女は欲していた。スタンリー社の社長から得た激励が、必要としていた励みとなり、つまり自尊心を盛り上げ、この世で誰かが自分の成功を気にかけてくれているという実感を、彼女に与えたのである。

ときとして人にやる気を起こさせるのは、こんな簡単なことなのである。

好業績を上げている企業の社長からスーパーマーケットの返還された瓶の係の店員に至るまで、みなが聞きたがっているのは、きみの仕事は第一級だとか、なかなか要領がいいとか、能力があるとか、きみの努力はよくわかっているよ、とかいうことばである。ほんのちょっとした認知、タイミングのいい激励のたったひと言が、単にまじめな普通の従業員をすばらしい社員へと変えるのである。

デール・カーネギーは尋ねる。「なぜ犬のすることを変えようとするときに使う常識を、人間を変えたいときに使わないのか？　なぜ鞭の代わりに肉を使わないのか？　ほんのちょっとよくなっただけでもほめてやろう。そうすれば、もっとよくなろうという気になる」

全然難しいことではないのに、何らかの理由から、多くの人びとは適当な賛辞さえ述べることは難しいと考えている。「反応を示すことは、良かれ悪しかれ、難しいことだと考えてきた。なぜだかわからない」とニューヨーク生命保険のフレッド・シーバートは言っている。「とても簡単なことだし、それがもたらす成果は信じられないほどだ。どうして立ち止まって、こう言ってやらなかったのだろう、『わかっているだろうけど、ほんとうにきみに感謝しているよ。いろいろやってくれてありがとう。ずいぶん余分な時間をたくさんかけてくれたことは、よくわかっている。ほんとうに、わたしにはそれがわかるんだ』」

何年間も迷ったあとで、当時上司だった人から、賞賛を与える重要性をついに学んだ、とシーバートは言った。「上司というのはすばらしい人で、毎日彼の感じたことを指摘してくれる」と言う。「彼は問題があると思ったり、反対の意見を持ったときは、言ってくれる。しかしまたこうも言ってくれる。『きみに感謝しているよ。きみのやっていることは実にすばらしい』。それを聞くことが、社員にとってはどんな励みになっていることか」

そのひと言は、地球を揺り動かすほど大袈裟である必要はない。シーバートは続けて言う。「ときには社員が働きすぎていると気づいたときには、『家に帰って家族と過ごしたら。しばらくは休暇を取れよ』と言ってくれるだろう。彼がそのことに気づいてくれているという、そのことがまさに、わたしにとってはとても価値のあることなのだ」

報酬。最近このことばがビジネスの世界で使われるときには、お金のことを遠まわしに言っている場合が多い。月給、ボーナス、手当、心づけ——報酬の種類について、ほとんどの人が考えるのはこういうもの、つまり金銭的なものである。

お金が大切であることを否定するわけではない。金は大いに大切である。しかし問題の本質は、お金はほとんどの人びとが朝、仕事に出かけて行く理由の一つであり、また家に持って帰れるものの一つである。何と言っても、最も物質的な人たちでさえ、その他の報酬に強い関心を抱いている。

二つのことが、報酬のリストのトップを占めている。自尊心と他の人への敬意である。

この二つは人びとにやる気を起こさせるものとして、最も大きい力を持っている。「人はよく見られたがっている」ということを、ハリソン・コンファレンス・サービス社のウォルター・グリーンは、いつも言いきかせている。「そこでこちらがするべきこととは、すぐれた人間に見えるような環境をつくり出すことなのだ」

それはジェームズ・ホートンがコーニング社でしたことだった。彼は従業員がよく見られ、よい感じが持てるような環境を作り出そうとした。それが何千もの材料を使っての調理法で、その一つに、コーニング社の従業員の提案に対するやり方が含まれている。

品質工程に熱心に取り組む以前は、コーニング社は従業員の提案をあまり気乗りのしない態度で募っていた。いくつかの提案箱がコーニング社の工場や事務所の片隅に置かれてはいたが、それらは埃がかぶっているだけだった。ホートンは回想している。「提案制度は他でもよく見られるように、もしそこに入れて取り上げられたら薄謝が貰えるかもしれない、というようなもので、みな他人の事のように思っていた。しかし実際には提案をしたとしても、提案箱はまるで底抜けの箱のようなものだということだった。何も反応がないが六か月くらい経つと、多分何か言ってくる。それをひとたび聞くと、提案者はこんどは怒り出すのである。金銭的な謝礼はないと言われるか、あっても十分でないと思うかのどちらかだ。これではこちらが怒るだけでなく、まわりの人をも怒らせる。というのは、こちらは金をもらったのに、彼らはもらわなかったということで」

今日では、コーニング社は従業員の提案をまったく違ったやり方で処理している。「もう提案箱はなくなった」。それとともに今までのやり方も。「命令でなくして行ったのではなく、一か所ずつそれとなく失くしていった」

変わったのは、それだけではない。コーニング社の現在の従業員提案制度には金銭的な報酬はないが、表彰制度がある。「彼らが『今週の従業員』になれるということだ。写真を壁に張り出されるとか、花を贈られるとか、マグカップを貰うとか、ときにはありがとうと言ってもらうだけのこともある」。しかし、その制度を動かしているのはこの表彰である。

従業員は謝礼がなくなったのを残念がってはいないか？　残念がっていないことがわかるだろう、とホートンは言っている。「われわれはただ一つの規則を定めた。もし提案が出されたときには、二週間以内に回答するということです。いずれにしても、一週間か二週間かは状況次第だが、しかし速やかに回答することにした。イエスかノーか、拒否か、それとも検討中か」。

しかし、金がその制度から外されたので、提案の数は減っただろうか？　「昨年は」とホートンが教えてくれる。「たしか、これまでの八〇倍も提案があった。そのうち実行に移したのは、いままでの四〇倍か五〇倍だった」

参加するのは、いくつかの理由からである。彼らは自分たちの仕事生活の質を向上させたいと望んでいるというのが、明らかに理由の一部である。そしてまた、彼らは自分たちが提案すれば、誰かがそれに耳を傾けてくれることを知っているから、提案をするのだ。しかし一番確実なことは、彼らが参加するのは、よいアイディアを出したときに生まれる自尊心と、みなからの評価が得られるからである。ホートンは、このことにはまったく驚かなかったと言っている。「つまり人びとが会社を愛し、そして中の一人として参加したがっていることを、わたしが知ったからです。だからこちらがすることは、みなにそうさせてやって、そしてそれに対してありがとうと言うだけです。その結果は、すばらしいことでした」

ホートンの言っていることは正しい。自分たちの働きが認められ尊ばれていると感じたときには、人びとはびっくりするようなことを成し遂げるものだ。従業員に、自分たちは認められていると感じさせること、彼らのよいアイディアに注意を向けること、いままで経営陣だけが参加していた見本市に招待すること、彼らに言うことは、「ありがとう、きみはすばらしい社員だし、あなたもあなたの仕事も重要なのだ」と言うこと――それこそがやる気を起こさせる第一歩なのである。

今日、よい経営が行われている会社は時間や労力、金を費して、このような非金銭的な報酬を意義あらしめようとしているのである。

「わたしがいまやっていることは」と、スウェーデン最大のコンピュータカード印刷のプロデューサー、エレクトリック・AB社の社長、アネル・ビョーセルは言った。「グループ全体の前で認めてあげることです。これはとても大事なことです。できるだけ多くの人の前で『あなたはとてもいい仕事をしたね』と誰かに言ってやることである。人のいないところで同じことを言っても、それほど効果がないでしょう」

喜びは公に認めてもらえることから生まれる。「そうされることが人に認められ、感謝されたと感じさせることなのです」とビョーセルは信じている。「このことはいつまでも、しつづけなければなりません。それにどんなにしたって、十分すぎるということはありませんから」

バル・クリスチャンセンはアメリカで最大の売上高の、デニーズレストランのオーナーである。それは全国一八〇〇店中のナンバーワンである。

クリスチャンセンのレストランは、カリフォルニア州ビクタービル、ここはロサンゼルスとラスベガスの間の高原砂漠にあり、何種類ものサラダ、スープ、サンドイッチ、それに各種メインコースを用意している。しかしクリスチャンセンは、一つの弱点に気づいていた。食事を終えると、すぐに勘定を持ってこさせる客が多いのだ。そこで、もっと多くのパイを売ろうと、クリスチャンセンは決めた。そこで彼は誰が一番たくさんパイを売れるか、コンテストをすると宣言した。

「はじめは」と彼は回想している。「一日に二個売れるだけでした。そこで従業員に、どうパイを売るべきかを説明しました。そしてどんなふうにパイを売ったらいいか、やって見せました。従業員たちはわたしのことをよく知っていたので、こう言いました。『そうですね、社長。このパイを全部売ったら、こちらにはどういうよいことがあるのですか？』　連中は抜け目のない資本主義者です。しかしそれはわかっていましたし、当然の質問でした」

各交替の組ごとの売上げでトップになった者には、町で一番人気のある夜間公演に招待する、とクリスチャンセンは従業員に言った。「本人と配偶者か誰か二人に、運転手付きハイヤーでロサンゼルスに行き、そこで『オペラ座の怪人』を楽しんでもらう」

昼間の組の優勝者は、それまで芝居など見たこともない女性だったが、夫とともに夜の部の公演を見に行った。「彼らはその夜をゆったりとしたハイヤーに乗って過ごしました。すばらしい時間でした。それは金曜の夜のことでしたが、日曜の朝、店に入っていくと、彼女はレジのところで、わたしをつかまえました。彼女は制服を着ていて、勤務中でした。わたしに腕をまわして離しませんでした」

「結構いいオペラだったでしょう?」とクリスチャンセンは尋ねた。

彼はその光景を思い出す。「店は混み合っていて、みな走りまわっていました。お客でいっぱいでした。それなのに彼女はじっと抱きついているんです。わたしを放すと、彼女の頬に涙が伝わっていました。彼女は言いました。『社長、大好きです。どうもありがとうございました』。彼女は知らせたがっていたのです。三〇年間は辞めないということを」。これはすべて、認めるという一つの行為がもたらしたのである。

「それは彼女の自尊心を築いたのです」とクリスチャンセンは言う。「うちのパイは一日に二個から、一日に七一個へと売上げが伸びました。それでわたしは経済的に報われ、心情の上でも報われました。従業員にお金をあげるだけで、その種の効果を期待することはできません」

このような参考になる報奨計画はいくらでもある。その数は今日では、よく経営されている会社の数ほどある。こういう計画のいくつかは、豊かな想像力に溢れている。可能性を限定するのは、運用している人間の創造力だけである。だからSGS・トンプソン社の社員がよい例である。これを考えたのは、ある独創的なグループである。

彼らは、「高品質人的資源賞《ヒューマン・リソース・クオリティ・アウォード》」という表彰制度をスタートさせた。すぐれた従業員が表彰されるのだが、それは製造、調査、開発、生産においてではなく、人間関係におけるものが対象である。副社長のビル・マカヒラヒラが創設したこの制度を、彼は次のように説明している。「四半期ごとに一定の行動を示したマネジャーに対して与えている四つの賞があります。一つは『金の耳賞』というもので、実際に賞品は表彰状の盾の上に金製の耳を取りつけたものです。これはよく聴く能力を持っていることを証明するものです。マネジャーでも平社員でも、その他の誰でも、そういう能力を持っている人を従業員は推薦することができます。その次は「銀の舌賞」です。この「銀の舌賞」は効果的なコミュニケーションにするもので、単に公式の発表会のときだけではありません。この賞の獲得者が手にする盾はとても変わっていて、銀製の舌が上に付いています。この制度を少しユーモラスなものにしたかったので、体のいろんな部分を表したのです」

いやだからといって、「机の上に大きな脚をのせる賞」というのはないのである。

「『権限授与賞』というのがあります」とマカヒラヒラは続ける。これはわれわれがどのくらい権限を分け与えているかを、従業員に示すためのものです。第四の賞は他のより優秀な賞で、『リーダーシップ賞』という名です。これは最高の特性――正直、誠実、真実――などの特性のすべてを常日頃示している人に贈られます。この人たちはまた、効果的なコミュニケーション、聴く力、人間関係の能力、大衆的な能力等々を持っていることを示さなければなりません。さて、この特別賞の銘板は、壇上の同僚を支えているリーダーの姿を表わしています。ここでの考えは、つまり、ひたすら人びとを立て支えることであって、彼らを見下すことではありません」

それに、メアリ・ケイ化粧品会社の例がある。この会社はコンクールにきわめて特異な報奨を行っている点で、他の会社とは一線を画している。メアリ・ケイでは年間最高売上げを達成したものは、ピンクの――そう、ピンクだ――キャデラックが与えられるのである。「創立後三年くらいで、わたしたちはかなりよい成績を上げていました」とメアリ・ケイ・アッシュは説明する。「実のところ、一〇〇万ドルの収入に達しました。新しい車が必要だったので、キャデラックのディーラーのところへ行って、自分の持っていたコンパクトをバッグから取り出し、『新しいキャデラックがほしいわ。そして、この色に塗ってもらいたいの』と言いました」。セールスマンは顔色を変えた。「彼はそれを見て言いました。『メアリ・ケイさん、本気じゃないでしょうね。ご冗談でしょう。申し上げておきますが、そんな色に塗って、それがお気に召さなかったときに塗り変えると、どれほど費用がかかることか』。わたしは言いました。『結構よ、ピンクのがほしいの』『わかりました。でもわたしがやめた方がいいと言ったことを忘れないでくださいよ。どんなことになっても、わたしのせいにしないでくださいね』」

「でき上がってきました。帰宅途中でも、すれ違った他の人びとにセンセーションを起こしましたわ。それはすごいものでした。ほんとうです。黒いリンカーンに乗って、停止信号で二時間も停まっていても、誰も通してくれません。ピンクのキャデラックに乗ってごらんなさい。どれほどの関心と驚嘆の的になるか、びっくりするくらいよ」

忘れられないということは？　はい、そうです。控え目ですって？　いいえ。しかしそのときは誰一人、メアリ・ケイ・アッシュが控え目だといって非難しなかった。

「みんな、それが気に入りました。それを車輪のついた大きなピンク色のトロフィーだと思ったのでした。そして人びとは、どうしたらそれを手に入れられるか知りたがっておりました」と彼女は語った。

「息子のリチャードが会社の有能な経理担当者です。それでその問題を彼に投げかけたのです。わたしは言いました。『リチャード、ピンクのキャデラックを手に入れるにはどれだけのことをしたらいいか、ちょっと計算してちょうだい』。彼は言いました。『えっ、ママ、本気？』それでも彼は計算してくれました。いくらになるかを言ってくれました。ご存じでしょうけど、目標を高くすればするほど、人は高く跳ぶものです。それで最初の年は一人に贈りました。二年目は五人でした。三年目は一〇人、四年目は二〇人でした。その後は、一定の売上げがあった人は誰でも贈ることにしました。で、いまもそのやり方が続いているんです」

「ですから今は全国で六五〇〇万ドル分のキャデラックが走っています。メアリ・ケイ化粧品のことを何もご存じなくとも、たとえばマサチューセッツ州のセラムでピンクの車を見かけたら、それはメアリ・ケイです。みな知っています。それはシンボルになっています」
会社にとっても、従業員にとっても役に立つシンボルだ。そのシンボルは「あなたは最高だ。あなたは最高の仕事をした。ずっとその調子で行ってください」と語りかける。

政府にはピンクのキャデラックを配置する計画はない。少なくとも現在のところは。しかし政府でさえも、創造的な表彰制度に関して行動を起こした。連邦高品質研究所（Federal Quality Institute）を設立したのである。

研究所は、一九八八年にレーガン大統領の命令によって創設された。その本来の任務は、政府内の生産性増強のための施策を見出すことにあった。その考えの初段階の調査をし、計画を作るために設置されたシンクタンクが出した結論は、コーニングやモトローラなどの企業が出した結論と同じものであった。つまり、生産性を増強しようとするなら、質の向上に積極的な関心を持ち、しかもそれを持続させることである。そうすれば生産性は上る。「人間こそがこの調査研究の中の最も重要な部分である」と、研究所の品質担当役員、G・カート・ジョーンズは述べている。

ワシントンの品質改善計画の中心的な部分として、研究所は職員表彰の独自プログラム、「大統領賞」を創設した。これはボールドリッジ賞に対する政府認定賞であり、信じられないかもしれないが、その競争率は同じくらい熾烈なものだ。ある年には、ユタ州オグデンの国税庁のサービスセンターが獲得した。これは厳しい予算削減に直面したのにも、より速やかに納税申告を処理する方法をそこの職員が考え出したのである。

このような賞は、一つのアイディアである。アメリカン航空は、従業員に報償を与えるために、的確な方法を考え出した。同航空の客は直接に、その制度に参加することになっている。スチュワーデスは、飛行中は文字通り何千マイルの間、多くは監督者を離れて仕事をすることになるため、航空会社はそれぞれの仕事ぶりの優劣を正確に知ることは難しい。組合との協約に制約されて、航空会社はスチュワーデスの給与に差をつけることがあまりできなかった。

しかしアメリカン航空の会長、ロバート・L・クランドールは、この問題を解決するのに独創的な方法を考え出した。アメリカン航空の多利用者クラブのゴールド・レベルとプラチナ・レベルのメンバーは、特別証書を受け取り、それを模範的なサービスをしてくれたスチュワーデスに渡すことができる。スチュワーデスは無料旅行やその他の恩典に当てるために利用することができる。これは独創的なやり方である。客にとっては、具体的な方法で感謝を示す喜びを与えるし、もちろんスチュワーデスにとっても、ためになるものである。

報奨と表彰を、ビジネスを進める上での不可欠な部分として利用するという考えは、新しいものではない。これは個人的な礼状と同じくらい、古くからあるものである。

フリート・フィナンシャル・グループ社のジョン・ロビンソンは、このことを数十年も前に古い友人から学んだ。「ジム・ベンダーは、はじめは成績のいいセールスマンだった。彼がわたしに語ったことだが、彼がやっていたのは、出かけていき一日中訪問をすることだった。それから夜になるとモーテルの部屋に行ってバーボンの瓶を取り出し、手紙の用紙を用意した。そしていつも直筆の礼状を書いていた」

「生涯を通じて彼が出した手紙は直筆で、個人的なものだった」とロビンソンは言う。「そしてきわめて高度に進んだマーケティングの方法で、ダイレクトメールによるマーケティングや、そのようなやり方が流行っている今日この時代に『あの状況をよくも上手く解決しました』とか、『あの処理の仕方にほんとうに感服しております』といった手書きの便りほど感銘を与えるものはない」

このような、ほんのちょっとした賞賛を人は喜ぶだろうか？　ハーモン・アソシエイツ社のジョイス・ハーベイは、そうだと確信している。「わたしたちは『ありがとう、今日あなたのやったことに感謝しております』と印刷した小さな紙きれを持っています。事務所をまわって、みなの机にそれを貼ります。以前は互いに常々助け合っているくせに、同僚からそのことを改まって感謝されることがないのに気づいていました。しかしいまでは彼らはほんのひと言『ありがとう』とか『お世話になりました』とか『お蔭で助かりました』とか、『とても上手くいっております』と書いた紙を渡すことにしております」

報奨、表彰、賞賛。どんなふうにそれをするか問題ではない。問題はそれをするということだ。二度でも三度でも何度でもすることだ。従業員への報奨の中、最高のものはこれだ。たしかに金はすばらしいものだ。しかしそれだけが効果のある報奨ではない。使う金があるなら、賢く使え。卓越した仕事に報いよ。従業員の参加を促すとか、人が喜ぶようなやり方で金を使うのだ。

それから、予算の枠が小さくても大きくても、作家でもあり講演家でもあるフローレンス・リタワーの助言に従うがよい。リタワーはある日、彼女の教会の子どもたちに説教をしてくれるようにと、思いがけない依頼を受けた。聖書の一節が心に浮かんだ。しかしそれは子どもには理解するのが難しいものだった。「悪しきことばを口にすることなく、良きことばを口にせよ。導きの用に適い、聞く者にやさしさをもたらさん」

リタワーは子どもたちといっしょに考えた。ついに、やっとその一節の意味を伝えると思える解釈にたどりついた。「わたしたちのことばは、ほんとうは贈り物のようでないといけないのよ」と彼女は言った。子どもたちもそう思ったようだった。「小さな贈り物。他の人にあげるもの。他の人がほしがっているもの。その人たちが手を伸ばして、それに届こうとしているもの。その子たちは、わたしたちのことばを捕え、自分のものとし好きになる。だってわたしたちのことばを聞くと、その人たちはいい気持ちになるから」

リタワーはこんなふうに、少々ことばを贈り物にたとえながら、話を進めた。それから彼女はこんなふうに締めくくった。「それでは最初から始めましょう。悪いことばを使ってはいけない。ことばはよくないといけない。ことばは何かを作り上げるために使うもので、打ち倒すために使ってはいけない。ことばは、贈り物のように出てこないといけない」

彼女が語り終えると、一人の女の子が跳び上がって通路へ出ていき、ぐるりと振り返り、みんなに向かって、大きなはっきりした声で言った。「先生が言ってることは、こういうことでしょ」。

それから立ち止まって、ひと息ついて言った。「先生が言ってることは、私たちのことばは、上に飾りリボンのついた小さな銀の箱みたいなものでないといけないということでしょ」

ほめられて喜ぶのは、子どもだけではない。ビジネスの世界でも同様に、賞賛は大変な効果があるものである。

人間は金のために働く。
しかし、認められ、賞賛され、報奨を受けると、
さらに一マイル余分に行くものだ。

10

失敗・苦情・批判を処理する

第一次世界大戦直後のこと、わたしはある夜ロンドンで、貴重な教訓を得た。わたしはロス・スミス卿のために催された晩餐会に出席していた。食事の間、わたしの隣に座った方が、「われわれの仕事がどんなに粗削りであろうと、神様が仕上げをしてくださる」という引用句に関わるおもしろい話をした。

その引用句の大家はこれは聖書からの引用句だと言った。しかしそれは間違いだった。わたしはそれをよく知っていた。そのことについては絶対の自信があった。そこで、わたしは自分の重要感と優越感を満たすために、彼の誤りをただすというお節介な憎まれ役を買って出た。彼は自分の見解を変えなかった。

「何だって？　シェクスピアの文句？　そんなはずはない！　ばかばかしい！」と彼はわめいた。聖書のことばだ、絶対に間違いないと言うのだった。

その大家はわたしの右側に座っていたのだが、左側にはわたしの昔からの友人、フランク・ガモンドがいた。ガモンドは長年シェクスピアの研究を続けていたので、問題を彼の裁定に委ねることになった。彼は両方の言い分を聴いていたが、テーブルの下でわたしの足をそっと蹴って、こう言った。「デール、きみは間違ってるよ。あちらのかたの方が正しい。聖書のことばだ」

わたしはフランクと二人きりになるのを待ち兼ねて、その夜の帰り道、彼に言った。

「フランク、あれはシェクスピアだってことは、きみもよく知ってるはずじゃないか」

「もちろん、知っていたよ」と彼は答えた。「ハムレットの第五幕、第二場だ。しかしデール、僕たちはお祝いの席に招かれた客だよ。なぜ一人の男に間違いを証明してやらなけりゃならんのだ？　そうしたら彼がきみを好いてくれるかい？　どうしてあの男の顔を立ててやらないのだ？　彼はきみの意見なんぞ求めてはいなかったぞ。彼はそんなことしてほしくはなかったのだ。どうして議論する必要がある？」

デール・カーネギー

バレン・ヘンドリック・ストリダムは恐ろしい冷血な殺人鬼だった。南アフリカの白人だったストリダムは、黒人があの人種差別の国でようやく獲得しつつあった地位の向上に腹を立てていた。そこで一九八八年のある日、彼は何かをやろうと決心した。彼は抗議行動中の黒人の群れに機関銃の弾を浴びせて、男女九人を撃ち、そのうちの八人を殺した。

彼は裁判にかけられ、有罪とされて、死刑囚の独房に送られた。しかしそのときでさえ彼は、自分は何も非難されるべきことはしていないと思っているようだった。「後悔するというのは、何か悪いことをしたからに違いない」と彼は言った。「しかしおれは何も悪いことはやっていない」法的手段のお蔭で、ストリダムの刑が死刑から終身懲役に変わったあとでも、彼は依然として、自分の犯罪に対する大衆の抗議の声が理解できないようだった。「おれはまた殺すぞ。おれは何も悪いことはやっていないのだから」

こんな野蛮な殺人者でさえ、自分の恐るべき犯罪について何ら責任を感じないとすれば、一体われわれが毎日接触している普通の人びととは、どうだろうか？　彼らは進んで失敗を認めたり、批判されることを望むだろうか？

誤りには、二つの基本的なことがある。第一は、われわれは誰でも過ちを犯すということだ。第二は、われわれは他人の過ちを指摘するときには得意になるが、もし誰かがわれわれの過ちを指摘したときには、何と憎憎しく思うことよ！

ノエル・カワードは、誰にも劣らず非難について敏感だったが、少なくともユーモアのセンスはあった。「わたしは非難を愛している。それが形を変えた賞賛である限り」と、このイギリスの劇作家は語っている。

誰一人、絶対に誰一人として、不平や非難、あるいは不愉快な批判にさらされるのは好まない。

われわれは誰でも、糾弾相手と指をさされると激怒する。このことは誰もが理解することである。間違った決定をしたとか、監督の仕方が悪かったからプロジェクトが失敗したとか、できばえが期待に反するとか言われたときほど、自尊心を傷つけられることはない。非難していることがその通りであるとわかったときには、いっそう厄介にさえなる。

しかし過ちは生じる。反対の議論は起こる。苦情は、理にかなったものであれ誇張されたものであれ、毎日毎日出てくる。不機嫌な顧客はいる。誰一人として、いつでも正しいことを行っている人はいない。

さてそれでは、何びとも完璧ではないのに、しかも非難はなかなか飲み込めないというこのことがらを、どう扱ったらいいだろうか？　若干の経験と、ときの試練を経た人間関係という技術の助けを借りるのだ。明々白々なことは否定してはいけない。両方のボールをいつも空中に上げておくことは必ずしも容易ではないが、不可能というわけでもない。しばらくすればこの特異な操作術は、ほとんど誰でもマスターできるものだ。

第一段階は、人びとが素直に忠告や建設的な意見を受け入れる環境を作ることである。過ちは人間の本質的な一面であるということばを、繰り返し繰り返し言って知らせることだ。

このことを伝える確実な一つの方法は、**あなた自身の過ちを認める**ことである。「お手本を示すことは非常に大切である。あなた自身から期待する気のないものを、他人から期待することはできない」と、ニューヨーク生命保険会社のフレッド・シーバートは言っている。入社後しばらくして、シーバートは自尊心を失うような事態に直面した。

シーバートは言っている。「わたしはここで、みなが肝を潰すようなことをした。フランスで経営管理者学校にいた。そして提出すべき、いくつかの重要なデータがあった。それは五か年計画で、わたしがはじめてこれに携わったために、一つの誤解があった。フランスへ出発の直前、われわれはある数字を会社に提出した。二週間の旅行中にも、もちろん電子メールやファックスで連絡を取った。しかし例の数字を提出してあったが、ここで一つの大きな問題が持ち上がった。それは、わたしがこの提出の時期を勘違いしていたことだった。最初の提出が、第一回目の数字の提示と思っていたのである。数字を書き換えるために必要となる経営上の措置について、分析したり討議したりする時間は十分あると考えていた。後でわかったことだが、それまでのやり方がわかっていなかったし、最高経営委員会と会長に提出された最初の数字が、実はこの計画の最終案と見なされていたのだ。わたしはこういうやり方を知らなかった。

「もちろんその数字は正しくなかったから、大変な問題を引き起こした。前後の一貫性がなかったし、経営上の措置もまだ検討されてなかったのである。フランスにいて、電子メールでやりとりしているだけで、何が起こったのかは実際には何もわからず、ただ大変なことが起こったことだけはわかった。帰国を申し出たが、上司は『いや、われわれが処理した』と言った」

「帰ってきて、何が起こったのかがよくわかった。いろんな人と話してみると——彼らにはショックだったことがわかった。そこでわたしは会合で発言した。『これはわたしの過ちです。コミュニケーションの問題であって、数字上の理解の問題ではありません。コミュニケーションの問題で、すべてわたしの過ちです』」

「わたしが留守中、互いに相手に責任をなすりつけ合っていたと、わたしの部下たちは言った。『なぜあなたのような方が、これは最終的な試算と言ってくれなかったのです？』と。また他の部下が言っていた。『これが最終的な試算だということがわかっているはずだったのに』。みなが責任をなすり合っている中に、歩み出て、こう言ったのです。『これはすべてわたしの過ちです。まったくわたしに、その責任があります。これはコミュニケーションの問題で、二度と起こしません』。そう言うと、責任のなすり合いはピタリとやんだ。部屋にいた何人かは『いやいや、あなたの責任ではない。ここにいる人たちの連携責任です』と言ってくれた」

進んで過ちを認めること――これこそお互いに非難し合っているときに、圧力をそらすために考え出された最良の方法である。まず誰よりも先に失敗を認めよ。そうしたら他の人びとは急に、きみを元気づけてくれるだろう。「いや、そんなに悪くないよ。いや、実際には問題じゃない。ほんとうは多分自分たちの責任なんだ。いや、結局はうまく行くよ」と。

もし反対のことをしたとしたら――何かのことで他人の責任を追及したとすれば――たちまち相手はきみに逆襲しはじめるだろう。自分たちの行動の正当性を弁護するだろう。人間の心理なんて、こういうものだ。

これがすべての人間関係にとっての真実だ。会社でも家庭でも、友人のグループでも、そして顧客あるいは売主との関係でも同様である。

顧客が提供された製品あるいはサービスが気に入らないとき、こちらのミスとしてすばやく認めることは、ときに驚くべき効果をもたらす。それはジョン・イムレーが、うっかり大切な顧客の機嫌を損なったときに発見したことだ。ダン&ブラッドストリート・ソフトウェア社の会長である、イムレーは回想する。「一九八七年に、西海岸で一〇〇〇人くらいの広報担当部長のグループに講演をすることになりました。それはラグナ・ビーチホテルでの話です。良いことと悪いこととの話をしました。『ノリエガ将軍はだめで、民主主義はよい』こんなふうにです。で、最後はこうでした。『ティーンエイジ・ミュータント・ニンジャ・タートルズ（アメリカの人気コミックの主人公）はよく、ケンとバービー（着せ替え人形の名）はだめ』だと。みな笑い出しました。ただ一人を除いてね。それはわたしの大事な顧客の一人、マテル社の社長でした」

「自分の事務所に戻ると、すでに一通の手紙が来ておりました。手紙にはこうありました。『あなたのお話をおもしろく聞きました。しかしお話の中の一点だけは、永久に撤回していただきたいと思います』。彼はさらに辛辣な調子で手紙を続け、最後に、バービーの売上げは、わたしの関連会社全体の収益よりも多額であると結んでいました。そこで彼に釈明の手紙を書き、バービーにも手紙を書きました。しかし彼はそれをユーモアとも思ってくれませんでした」

イムレーはここで諦めたか、って？ 全然、と彼は言った。「何年間もわたしは彼の手紙を保存し、いつも講演の中に取り入れました。そして話をするたびに、顧客の意向にいかに細心の注意を払わなければならないか、聴衆に警告しました。顧客はそのくだりがとても気に入りました。手紙を見せて、どういうわけでそれが手元にあるのかを説明したのです」

「ある日、ニューヨークのウォールドーフ・アストリアホテルで講演しました。マテル社の社長も聴衆の中にいましたが、彼がそこにいることを知りませんでした。講演中に誰かが、マテル社の社長がいることを知らせるメモを渡してくれました。わたしは彼に立ってもらいました。彼はわたしの方にやって来ると、わたしの手を握りました。そのとき彼がくれたメモを後で開いて見ると、万事水に流すと書かれていました。そしてそれ以来、彼は喜んでいる顧客です」

ここでの教訓はこうである。自らの失敗は他人が指摘する前に認めること。できるならそれを笑い飛ばすこと。失敗が相手に与えた損害を過小評価しないこと。「リーダーたるものは、常に自らの失敗に責任を持つと同時に、それに対処しなければならない」とフレッド・シーバートは言っている。「一番悪いのは他人のせいにしようとすることだ。自ら責任を取らなければならない」。あるいは、アンドレス・ナバロが言うように「もしある会社が失敗を認めることができるところであれば、その会社は独創性を奨励し、社員が冒険することを奨励しているのである」

過ちあるいは問題処理のための第二段階は、**批判や責任を追及する前にもう一度考え直してからにしよう**、ということである。過ちを犯した人は、それがどのようにして起こったのか、なぜ起こったのか、二度と繰り返さないようにするにはどうしたらいいかを、すでに知っているとしたら、何も言う必要はまったくない。すでに気まずく思っている人間をさらに不快にしても、何もいいことはない。

やる気のある従業員は、よい仕事をしようと思っているものである。連邦品質管理研究所の上級品質管理担当のG・カート・ジョーンズは言う。「彼らは何もめちゃめちゃにしようと思ってやってるわけじゃない。彼らが必要とされ、四つに取り組んでいることを実感として味わいたがっているのだ」。これが理解できるビジネス・リーダーは批判というものが、ほとんどの場合、いかに破壊的であるかを理解していると言える。

要は非難合戦を避けることである。アナログ・デバイス社の会長、レイ・ステータは、これをよく心得ていた。「事態が悪くなったとき本能的に出てくる質問は『誰の責任だ?』というものだ」と見ている。「それは人間というものは、そう考えるものだ。人はたちまち、誰か人に責任を取らせて、その人たちの過ちとして論じたくなるものです」

ステータはアナログ・デバイス社から不必要な責任追及をなくそうとした。「わたしがやめさせようとしたことの一つは、組織の中で説教することだ。みな、よくやりたがるものだ。同情と責任追及、ものごとがうまく行かないときはいつもそれだ。そこで考えた小さな仕掛けは、不満を要求と提案とに転換する見本を見せることだった」

まず自分自身に尋ねてみる。何をここで達成しようとしているのだろうか?　ステータは言う。「結局のところ、そこをもっとよくするための効果的な行動を考え出すことだ。誰が間違っているとか、責任はどこにあるかとか、論じることではない」。ほんとうの目的は状況を改善することなのだ。

ジャック・ギャラガーは、ある大きな問題を抱えていた。ギャラガーはコーネル大学医学部と提携している、ベッド数七七五のノース・ショア大学病院の院長である。ノース・ショア大学病院が年々大きくなってきたわりには、一六九床の時代を賄っていたのと同じ調理室しかなかった。

結局、給食室を新築するということになったとき、ギャラガーは同僚の一人にその監督を頼んだ。その人には二つ注文を付けた。「駐車場のコンサルタントと、栄養士のコンサルタントを雇うこと」だった。

「毎日プロジェクトの進行具合を、チェックすることはできませんでした。なぜか、彼は駐車場のコンサルタントも栄養士のコンサルタントも雇いませんでした。そこでわれわれは新しい調理室のオープンと、旧調理室の閉鎖との間で、身動きがとれなくなりました」

ギャラガーがこのことに気がついた時は、工事はもう進行していて、何百万ドルもすでに費やされていた。プランを変更するには遅すぎた。しかし誰一人として結果に満足してはいなかった。新しい調理室は小さすぎ、食事の質もどんどん落ちていき、結果的には病院の評判は落ちていった。

ギャラガーはその同僚を解任することもできたはずだった。みんなの前で非難することもできたはずだった。しかしそうしたとして、何がよくなったであろうか？　公の場の叱責が、細切れ羊肉や焼鳥肉をもっと美味しくするだろうか？　鞘豆を冷めないようにしておけるだろうか？

「責任者を探したり追及したりしようとしてはいけない」とギャラガーは言う。「やらねばならないことは、やり方を直すことだった。われわれはそれを改善しなければならなかった。一歩引き下がって、『どうすれば事態を改善できるか？』と言わざるを得なかった。非難してみたところで、状況改善により近づくことはできなかったであろう」

非難とか責任追及はほとんどの場合、人は身をかわし、または隠すようになるのである。辛辣極まる非難を受けたことのある人は、リスクを冒したり、独創的であったり、危険を犯そうとはしないものだ。組織はたちまち従業員の潜在能力の重要な部分を失うであろう。

メアリ・ケイ社の従業員考査過程には、この考え方が貫かれている。目標は向上であって、判定を下すことではない。「われわれはそれを業績査定とは呼ばず、能力開発と呼んでいます」とメアリ・ケイ社の副会長、リチャード・バートレットは述べた。なぜだろうか？「裁判官にはなりたくありません」とバートレットは言う。「どうしたらもっとよくあなたの役に立てるか、知りたいのだ。重要なことは、あなたのメアリ・ケイにおける今後の進路を一緒に話し合うということだ。あなたが将来なりたいと思っているものになるためには、何を伸ばしたらよいのだろうか？あなたの観点からだ」。それは従業員の自己啓発を奨励する、企業としての姿勢なのである。

コーニング社の品質管理責任者、デビッド・ルーサーによれば、「批判を最も素直に受け入れる人たちは、自己の進歩発展に真剣な関心を持っています。ときとして人の言うことを最もよく聞いて態度を改めるのは、組織のトップだったりします。彼らはあと五パーセントも余分に仕事をし、建設的な意見を歓迎する人たちです。日本人がすばらしいと思われることの一つは、過ちを宝だとする彼らの考え方です。彼らは失敗や過ちの原因を見つけることを、宝物だと考えています。というのは、それが未来の向上にとって鍵となるからです」

われわれがよく知っていることは、非難は誰一人として受けたがらないのに、人を非難したがる人はあまりにも多い。誰かの責任を追及することが、状況を改善することはほとんどないということを。

もちろん例外もある。ときには前向きな批判をしてあげるべき人もいる。その必要性がきわめて緊急で、その危険がきわめて深刻で、かつ失敗が頻発するのなら、そのときは何か言わなければならない。思慮を十分に巡らせたのち、状況を説明し、すなわち尊敬の念をもって意見を述べることを決断しなければならない。

これは第三段階だ。穏やかに歩を運び、大きな鞭は家に置いてくるがいい。自分を抑制し、いくつかの基本的な手法に従いたまえ。そうすれば、こちらのことばに必ず耳を貸してもらえるであろう。

こちらが言わなければならないことに対して、それを受け入れる環境を作ることだ。人間は、自分への否定的なことばに耳を閉ざしがちだが、正しい点と間違っている点との両方に言及すれば、少しは受け入れられやすいだろう。

「批判をするときには、まず賞賛と心からの感謝の念から始めなければならない」とデール・カーネギーは言った。メアリ・ポピンズもまったく同じことを心に浮かべて歌ったのだ。「スプーン一杯のお砂糖は、お薬をのみやすくする」

ソンダ・S・A社のアンドレス・ナバロは、批判に対してより親切で優しいアプローチの仕方を制度化した。彼の会社には現在「三対一の規則」がある。ナバロの説明によれば、「できるだけ批判を少なくしようということです。一つのルールがあります。もし入社して、あまり気に入らない人間がいても、あるいは仕事のやり方がなっていないと考えても、何も言ってはいけない。そのことを一枚の紙に書け。その人物について、考え方でもやり方でも習慣でも、何かいいところを三つ見つけたら、一つの非難を口にする権利がある」というものだ。これはきわめて優れたテクニックである。

もう一つのテクニックは、激励する方法だ。失敗を直すことは簡単だと思わせることだ。これはニューヨーク生命保険会社のフレッド・シーバートが実行しているのと同じ原則である。彼はそれを批判のための「サンドイッチ話法」と呼んでいる。「まずその従業員がやり遂げた積極的な事がらについて話をする」とシーバートは言う。「それから中間に、なお開発と改善を要する部分へと話を進める。最後に、その人物がニューヨーク生命保険にとっていかに価値ある人物であるかを論じて締めくくる。これはいつもうまく行く。かつてわたしにこのやり方をした上司がいた。そのとき部屋を出ながら頭を掻いて言ったものだ。『ええい、叱られたって実にいい気分だ』と」

何を避けるべきかを知ることも、同様に重要である。けっして議論したり、下品なことを言ったり、誰かを怒鳴りつけたりしてはいけない。誰かと議論すれば、もうお終いだ。自分を抑制することができなくなり、全体像を見失い、最も深刻なことに、目標を視野に入れられなくなっている。目的は、コミュニケーションを持ち、説得し、やる気を起こさせることだったはずなのに。デール・カーネギーが言ったように、「この世で議論から最高のものを得るには、議論を避けることだ。ガラガラ蛇や地震を避けるように、議論を避けたまえ。十中八九、議論というものは、お互いにおれの方が絶対に正しいと、前よりも固く信じる結果で終わるものだ」

どれだけの犠牲を払おうとも、面子を失わせるようなことをしてはならない。これには議論の中で控え目な言い方をするとか、間接的に注意を促すとか、命令の代わりに質問するとかの方法がある。あるいは批判のいくつかは他日のために取っておくのもいい。非難することを選んだにしても、目標は一つである。物静かで、控え目であれ。攻撃的であってはならない。完全に同意見ではなくとも、彼が一つでもあなたのやり方の長所を認めるようになれば、それでもう良しとしなければならない。しかしあなたがあまりに強く出て、正しいとか間違っているとか、頭がいいとか愚かだとかいうことばをつかったら、もはや何びとに対しても、何ごとも説得することは不可能となろう。

「もちろん苦情が来ます」とラバーメイド社のウォルフガング・シュミットは言う。「苦情の約半分は、顧客が何か製品を買った結果について、それがうちのものだと思って言ってこられるのですが、実はライバル社の製品である場合です。そこで顧客はわたしたちあてに手紙をよこします。当社の方針は個人的な手紙を出して、こう言うだけです。『どうしてこのような誤解をされたかといえば、ライバル社が当社の製品を模倣しているからです。善意の誤解をなさったわけです。しかし当社といたしましては、両社の製品は違うということをご理解いただきたく存じます。そのために当社の製品の一つをを無料でお送りいたしますので、お試しください』」

「苦情がどんなものであろうと、代わりの製品を入れて送ります。こうすることはラバーメイド社の真の価値についてご理解いただける、絶好の方法だと考えています」

物静かな説得は、常に大騒ぎや指さして責任追及するよりも効果がある。このことを真に知ろうとするなら、北風と太陽の競争についてのイソップの寓話を思い出すとよい。北風と太陽はある日、どちらが強いか言い争いをした。風は力比べを申し込み、一人の老人が通りを歩いているのを見て、賭けの条件を決めた。その男のオーバーコートを脱がした方が勝ちだ。太陽はこれに同意し、北風が最初に吹きつけた。風はだんだんと強く吹いた。ついに突風は大暴風の域に達するほどだった。しかし風が強く吹けば吹くほど、男はオーバーコートをしっかりと身にまといつけた。

北風が諦めたとき、太陽にチャンスがまわってきた。太陽は優しく男を照らし、だんだん暖かくすると、ついに男は額を拭い、オーバーコートを脱いだ。太陽は風に秘訣を語った。優しさと親しさとは、力や激怒することより強いのだと。同じことは顧客にも、従業員にも、同僚にも、友人にも当てはまる。

デール・カーネギーのクラスの受講生に、税務コンサルタントをしている男がいた。この受講生、フレデリック・パーソンズは、国税庁の係官と九〇〇〇ドルの債権をどこに分類すべきかについて、見解が一致しなかった。パーソンズは、その金は返済を受けていない不良債権だから、課税対象となる収入ではないと主張した。係官は同じくらいの頑固さで、課税対象となるとした。パーソンズは話を全然進展させることができなかった。そこで彼はやり方を変えることに決めた。

「議論を避け、話題を変えて、彼をほめることにしました。わたしは言いました。『こんなことは、あなたがしなければならないもっと重要で困難な決論を下すことに比べれば、まったく取るに足らないことなんでしょうね。わたしは税務の勉強もしてきましたが、知識はただ書物から得たものに過ぎませんが、あなたは切った張ったの実務の第一線で知識を手に入れていらっしゃるのですね。わたしも時々、あなたのような仕事をしていたらなあと思いますよ。そうすれば、いろいろ勉強になったでしょうから』。それは全部本音でした」

結果はどうなっただろう？　「査察官は椅子の上で背を伸ばし、後ろにそりかえりました。そして長々と自分の仕事を説明し、いままでに見破った巧妙な不正行為について語りました。彼は次第に親しげな口調になり、やがて彼の子どものことを話し始めました。立ち去るとき、彼は問題をもう少しよく検討して、近日中に決定を伝えようと言ってくれました。彼は三日後、事務所にやって来て、例の税務申告は提出された通りにしておくことに決定したと知らせてくれました」

何が税務査察官の気持ちを変えたのだろう？　「税務監察官は、どこにでも見られる人間のもろさを示したのだ」とカーネギーは記している。「彼は重要感を味わいたいと望んだ。パーソンズ氏が彼と議論している限り、彼は自分の権威を声高に主張することによって、自分の重要感を味わっていた。しかし重要性が受け入れられ、議論が止んで自分の自尊心の拡張が認められるや、彼は同情心に富む親切な人間になったのだ」

失敗を認めるのは速やかに、
批判するのはゆっくりと。
何よりも、建設的であれ。

11 目標を設定する

二三歳のとき、わたしはニューヨークで最も不幸な青年の一人だった。わたしはトラックの販売をしながら生活していたが、トラックの構造は知らなかった。それどころか、知りたいとさえ思わなかった。わたしは自分の仕事を軽蔑していた。西五六番街の安い貸家――ゴキブリが群れをなしている部屋での生活を軽蔑していた。いまだに思い出すのは、壁に吊るしてあった何本かのネクタイである。毎朝、わたしが違うネクタイを取ろうとして手を伸ばすと、ゴキブリが四方八方へ逃げ出した。わたしは惨めな気持ちで、やはりゴキブリの巣となっているかもしれない不潔な安食堂で食事をするのが嫌で嫌でしようがなかった。

わたしは毎晩、偏頭痛――失望、悩み、苦痛、反抗心から来る頭痛――を抱えて、孤独な部屋へと戻ってきた。わたしが反抗心に燃えていたのは、学生時代に抱いていた夢が悪夢となってしまったからだった。これが人生だったのか？　あれほど熱心に憧れていた熱気溢れる人生の冒険とはこれだったのか？　自分自身でさえ軽蔑している仕事で身を支え、未来に何の希望もない、これがわたしにとっての人生のすべてなのだろうか？　わたしは読書のための暇な時間がほしかった。わたしは昔の大学生時代に夢見ていた、本を書く時間がほしかった。

どう考えてみたところで、自分が軽蔑している仕事を捨てても、益にこそなれ損をするはずはなかった。金儲けには興味がなかったが、人生を豊かに味わうことには興味があった。簡単に言えば、わたしはルビコン河—大抵の青年たちが人生の門出に当たって直面する決断のとき—に来ていたのである。ついにわたしは決断をした。そしてこの決断がわたしの未来を完全に変えた。この決断のおかげで、残りの人生は実に楽しく、わたしが夢見た以上に恵まれたものとなった。

わたしの決断はこうだった。まず、いや気のさした仕事から足を洗おう。もともと教職に就くつもりで、ミズーリ州ワレンズバーグの州立教育大学で四年間を過ごしたのだから、夜間学校で成人クラスを教えながら暮らせばよいではないか。そうしたら、昼間は自由に本を読んだり、講義の準備をしたり、小説や短編を書いたりして過ごせるだろう。わたしは「書くために生き、生きるために書く」ことが望みなのだ。

デール・カーネギー

デール・カーネギーは、アメリカで偉大な著書をあらわしたわけではない。しかし教師やビジネスマンとして、また人間関係についての著者として彼のめざましい成功により、彼は世界中の人びとに励ましを与える存在となった。彼がこれらすべてをやり遂げることができたのは、自分自身のために目標を設定し、その目標を必要な環境に適合させ、次に向かうべき場所への目標をけっして見失わなかったからである。

メアリ・ルー・レットンは、それまで一度も国際級の体操選手など生んだこともないウエスト・バージニア州の高校二年生にすぎなかった。

「わたしは無名でした」と彼女は言っている。「そして、わたしは州で一位になった」。彼女はたった一四歳で、ネバダ州リノの競技会に出た。その日、ナディア・コマネチにオリンピックで金メダルを獲得させたルーマニアの体操コーチ、あの偉大なベラ・カローリーがメアリ・ルーの後ろから歩み寄った。

「彼は体操の王様でした」とレットンは回想している。「彼はわたしの方にやって来て、肩を軽く叩きました。背が高く、二メートル近くありました。そして、あの低い声のルーマニア訛りで言いました。『メアリ・ルー、僕のところへ来ないか。来たらきみをオリンピック・チャンピオンにしてあげる』」

そのときレットンの心を駆け抜けた最初の思いは、「すてきだけど、そんなこと、あり得ないわ」

だった。

しかし、そのときネバダ競技場にいた体操選手全員の中から、ベラ・カローリーは彼女を認めたのだった。「それでわたしたちは座り、それから話し合いました。彼はわたしの両親に話しかけ、言いました。『聞いてください。メアリ・ルーがオリンピックチームのメンバーになるという確約さえもできません。しかし彼女にはそれだけの素質があると思います』」

何というすばらしい目標だったろう！　実は子どもの頃から彼女は、いつかオリンピックで競技する夢を心に抱いていた。しかしこの偉大な人物の口から聞いて、レットンにとっては、それが石に刻まれたようなはっきりした目標となった。

「それはわたしにとって大きな賭けでした。家族や友人たちと別れて、それまで会ったこともない家族といっしょに暮らし、会ったこともない女の子たちといっしょに練習することになるのですから、とても疲れました。脅えました。一体どうなるのか、わかりませんでした。しかし興奮もしていました。この男性が鍛えたいと望んだのだ、ウエスト・バージニア州のフェアモントから来た小さなわたしを。そのわたしを選んだのだ、と」

そして彼女はカローリーの期待を裏切るつもりはなかった。二年半後、メアリ・ルー・レットンは一〇点満点を二つ挙げて、オリンピックの体操競技でアメリカに金メダルをもたらし、世界中の人びとの心にその存在を知らしめたのだった。

目標はわれわれに狙うべき何かを与える。目標があることで、わたしたちの努力は維持される。

目標があるから自分の成功度を測ることができる。

だから、目標を設定しよう。われわれを奮い立たせ、それでいて非現実的ではない目標。明確で測定可能な目標。短期的な目標と、長期的な目標とを。

一つの目標に到達したら、ひと息入れて自分自身を励まそう。それから次の目標に向かって行こう。すでにやり遂げたことで自信がつき、さらに力が出て、勇気に溢れることだろう。

ニューヨーク市の福祉事業家、ユージン・ラングは第一二一公立小学校で六年生のクラスの卒業式で講演をしていた。この卒業クラスの大部分の生徒たちは、大学に行けそうもなかった。高校を卒業することさえ望み薄だったのである。しかし講演の終わりで、ラングはびっくりするような申し出をした。「高校を卒業するきみたちには誰でも、大学に行く費用を提供することを約束しよう」と言ったのだ。

その日そこにいた六年生四八人のうち、四四人が高校を卒業し、四二人が大学に進んだ。このことの意味を理解するために、市内の高校生の四〇パーセントは高校を卒業せず、まして大学に行くことなど問題外だったということを覚えておいてほしい。

この大きな成功を確実にするためには、資金提供だけでは十分でなかった。ラングはさらに、学生は学業途中で必要なときは支援を与えられるという約束までした。彼らは学校での最後の六年間、指導を受け、助言を受けた。しかしこの一つの挑戦の目標ははっきりと形が示され、学生たちの手の届くところにあって、彼らが以前にはとても不可能だと思っていた未来を描き出す機会を与えたのである。そして自分ではっきりと絵に描き出すことによって、彼らは自分の夢を実現することが可能になった。

ビジネス書のベストセラー作家、ハーベイ・マッケイ流に言えば、「目標とは期限付きの夢である」。

ハワード・マーグリアスはサン・ワールドという農産物会社の会長で、カリフォルニアの新しいタイプの栽培者たちの一人である。彼は一つずつ新しい目標を設定しては到達するという方法でやってきた。何年間もマーグリアスはビジネスを観察し、景気が変動して、儲かるときもあれば損をするときもあって、どう管理したらいいか予測するのは不可能であることを知った。少なくともそれが、誰もが言う農産物業の現状であった。

しかしマーグリアスには目標があった。消費者の購買欲の変動の波に耐えられるように、他の追随を許さないような新種の農産物を開発することである。「このビジネスは不動産取引とまったく同じなんです」とマーグリアスは理由を説明する。「市況が悪いときは、何か高級で特別な掘り出し物でない限り、非常に困難な状況に追い込まれます。農業でも同じです。もしレタス、人参、オレンジなど、どこにでもある産物の単なる生産者で、あなたの農産物が他の人のものと何ら違うところがなければ、うまく行くのは供給量が足りないときだけです。豊富なときはうまく行きません。われわれが調整しようとしていたのは、人と違うことをして、市場で成功への道を見つけることだったのです」

そこから、もっと良い胡椒のアイディアが出てきた。そう、もっといい胡椒だ。もし他の人が作っている胡椒より味のいい胡椒に改良できれば、とマーグリアスは確信した。アメリカの食料品商は市況が良くても悪くてもそれを貯蔵するのではなかろうか？

彼はそうやって、ル・ルージュ・ロワイヤル胡椒を作り出した。「細長くて三重の形をした胡椒瓶です。われわれはいつも聞いていますよね、『よい胡椒、四角い胡椒を作らなくちゃ』と言って。しかしこの胡椒は、色といい、香りといい、何もかも一度味わってみると、なかなかいいということがわかりました。これを独占栽培し、宣伝し、市場に出して名前をつければ、みんなに味わってもらえるだろうとわかりました。一度試してみると、これを続けて買ってくれます」

こういう一連の出来事からマーグリアスに学ぶことは、「何か違うものを探す機会を求めつづけよう。いましていることに満足するな。いましていることを改善する方向と方法を常に心がけよう。たとえその業界の伝統に反すると見なされても」ということだ。

自分自身で独立して目標を確立することができない人は、マーグリアス流に言えば、世界の中の「わたしも」族になる。「わたしも」族というのは、ついていくだけで先頭には立たない人のことであり、時流に乗れば良いが、不況になれば、取り残されることは必定である。

マーグリアスはここで大切なことを指摘している。目標を――多少困難を伴うが達成可能であるような目標を――設定した人びとは、自分たちの未来をしっかりと握っている人であり、最後には大きなことをやり遂げる人である、と。

運動靴メーカーのリーボック・インターナショナルは、会社としてのもっと大きな目標を設定した。それはシャキル・オニールを獲得することだった。このオルランド・マジックのスタープレイヤーはなかなか容易には来てくれそうになかった。たくさんの巨大な企業が、彼をＣＭに登場させようと懸命であった。

「問題は、われわれと関わりを持つことが彼にとっても最高であり、他社にはできないようなプログラムを彼に提供するために、こちらが進んで何かをしようとしているということをわかってもらうことでした」とリーボックの会長、ポール・ファイアマンは語っている。

会社全体が総力をあげた。「彼が来る前に、ＣＭキャンペーンをつくりました。それは彼一人のためにつくったものです。それをつくるために金をかけ、事実そのことに全力を傾注しました。彼を獲得するということに、夏から全力を挙げました。われわれは賭けをしたのです。冒険をしたのです。金を使い、時間を使って、それに全力投球をしました」。ときには目標を設定することは、とりもなおさずこうすることなのだ。

「もし失敗したら、精神的に一つの大きな損失となるでしょう」とファイアマンは言った。「もし彼を獲得するために、そこまで徹底してやっていなかったら、精神的に敗退を味わうなんてことはありえなかったかもしれない。しかし同時にあの選手も獲得していなかったでしょう」

目標が必要なのは、会社にとってのみではない。それは人生の成功を築き上げる一つ一つのレンガでもある。

ジャック・ギャラガーは家業のタイヤの仕事に携っていた。そこで彼はあらゆる仕事――経理、簿記、製造、セールスを担当した。タイヤ事業の全部門に関わってみて、彼が確信したのはこういうことだった。つまり、彼はタイヤ業界で働くことは好きではないということだ。ある日ギャラガーは、地方の病院で副院長をしている高校時代の同級生と、たまたま会った。「きみがしているようなことをしたい」とギャラガーは言った。「人を助ける仕事をしたい。大きな仕事をしたい。集団を正しいことのために導きたい」。病院経営という仕事とギャラガーの間には、いくつか大きな障害があった。一つは病院経営についての大学院卒業の資格であり、もう一つは病院での業務経験だった。しかしギャラガーは目標を決めた。そして彼はすぐに、それらの障害を乗り越えはじめた。

ギャラガーは、エール大学に交渉して入学した。彼はケロッグ基金から生活費を獲得し、地方銀行から借金した。ノースショア大学病院の事務室で夜勤をした。そして大学の卒業資格を得たとき、ノースショア病院の事務研修生を志願した。

「わたしは病院理事会の議長、ジャック・ハウスマンの面接を受けました」とギャラガーは回想している。「わたしに与えられたのはたった三分間で、三分間で売り込んだのです。彼はおかしな質問をしました。彼はわたしが結婚していて、子どもが三人いることを知っていたので『どうやって食べていくつもりだい？』と聞きました。当時研修生の給料は三九〇〇ドルでした」

ギャラガーはどう答えたかを覚えている。「ハウスマンさん、あなたにここでお目にかかる前に、そのことは考え抜いております。この研修期間中何とか生活して、そのあとは事務担当者になるために万事手配しなければなりませんでした」

彼は目標を持っていたのだ。彼は詳細にわたり、すべての計画を立てた。それに向かってたゆみなく働いた。彼はいまノースショア病院の最高経営責任者となっている。

シンガーソングライターのニール・セダカは、ポップ・ミュージシャンとして三〇年以上の経歴を持っているが、目標を立てることを学んだのは、まだほんの子どもの頃だった。彼はブルックリンの荒々しい地区で育ったが、けっしてタフな男の子ではなかった。彼の最初の目標はまったく当たり前のものだった。つまり人に好かれ、それによって、何とか生き抜いて高校を終えるというものだった。

「喧嘩が強い方ではありませんでした」と、彼は最近になって説明している。「だからわたしは好かれなくてはならなかったのです。いつも好かれたいと思いました。それがどんなことかわかるでしょう。いつも喧嘩になりはしないかとびくびくしていたんです」。ともかくも若いニールは、彼の目標を達成するための独創的な方法の一つ——つまり音楽に巡り合ったのである。

「リンカーン高校の近くに一軒の菓子屋があって、その奥にジュークボックスがありました」と彼は回想している。「非行少年、革ジャンを着込んだ連中がそこを溜まり場にしていました。彼らはプレスリーやファッツ・ドミノを聴いていました。ロックンロールの初期でした。それでわたしはロックンロールを作詩作曲して歌ったのです。革ジャンの連中に英雄扱いをされました。菓子屋での仲間にさえ入れてくれました」

ここで重要なことは、セダカが非行少年から受け入れられるかどうかを気づかっていたということではない。高校時代にはそれが恐ろしく重要だと思われていたかもしれない。しかし彼は他人にどのように接近し、当時の自分にとって重要なものをいかに獲得するかを本能的に知っていたのである。セダカにとっては、高校時代に立てた目標が生涯の仕事となり、このとき成功したことが将来大きな夢を手に入れる確信となったのであった。

亡くなったテニスのチャンピオン、アーサー・アッシュも、若い頃にまったく同じプロセスをたどった。アッシュはほとんど一人で、プロテニス界における人種差別を叩き潰した。彼が加わるまでゲームは、白人以外ほとんど排除されていたのである。後に彼はエイズウイルスに対して果敢な戦いを挑み、スラムの街角で、あるいは役所の応接間で、この病気への認識を高めた。

アッシュの生涯は、目標を設定しては到達するということをした一生であった。テニスコートでの若きスター選手であったときに、そういうことを始めた。そのとき彼は一時期に一目標の達成ということを学んだのである。

「障壁を乗り越えて目標を設定し、到達するということが、わたしの小さな自信を強めてくれたのです」と、アッシュは死の直前、本書のために行われたインタビューで語った。

これが、アッシュがこの世を去るまでの生き方であった。彼は目標を定め、目標に届いたときにはもう一つ別の新たな目標を設定したのだ。どうしてだろうか？「わたしの考えでは、自信というものそれ自体が、個人を変えるのです」と説明した。「それはまた人生の他の分野にも影響します。得意な分野で自信を持つだけでなく、多分同じ原則を別の仕事や別の目標にも適用することによって、他の分野でも同じくらい何かできるのではないかという普遍的な自信を持つようになるのです」

目標は現実的で、かつ手の届くものでなければならない。今日一日で何もかもしなくてはならないとか、できるとかいうふうな考え違いをしてはいけない。多分今年はまだ月には行けないだろう。だからいまはもっと短い旅行を計画すればいい。中間の目標を設定することだ。

だんだんと目標を高くするというアプローチの仕方で、アッシュはテニスで一流の地位を築き上げた。「はじめの頃のコーチは、わたしが乗せられたお定まりの目標を設定しました。目標は必ずしもトーナメントに勝つことではありませんでした。われわれが困難と見なしていたようなもの、いくらかの熱心な努力と計画とを必要とするような、ちょうどそのようなものでした。目標を達成したら、そこには一種何らかの報いがありました。しかし繰り返しますが、目標は必ずしもこれとか、あれとかのトーナメントに勝つことではありませんでした。そのようにしてだんだんと、いくつかの小さな目標に達すると、突然『ほら優勝まであと少しじゃないか』と、はっと気づくというわけでした」

それがアッシュ流の厳しいテニスの試合に立ち向かうやり方だった。「トーナメントでは準々決勝戦まで残りたいと思うでしょう。試合ではバックハンドのパスをいくつかはミスしないでおきたいと思うでしょう。あるいは、あまり暑い日には、ある時点までは疲れを感じないようにスタミナを強化したいと思うかもしれない。こんなさまざまな目標が、あの長期的で、捉え難い目標、すなわち一位になるとか、全トーナメントに優勝するといった目標に、いつも集中しなくても済むようにさせたのです」

多くの偉大な挑戦に対しては、いくつかの中間的な目標を達成するようにする。それがよりいっそう自分を励まし、またやる気を起こさせる結果となるのである。

コールド・スプリング・ハーバー研究所の所長、ジェームズ・D・ワトソン博士は、癌の治療法の発見という、生涯をかけた戦いに従事してきている。それが彼の唯一の目標だろうか？　もちろん、そうではない。それは誰にしても担うにはあまりに難しすぎる。ワトソンは自分と研究科の同僚のために、一連の小さな目標を置いた。それは究極の治療への道のりで、一年毎に達成すべき目標だった。

「非常に多くの異なった種類の癌があるのです」。DNA構造を発見した功績でノーベル賞を受賞したワトソンは説明する。「そのいくつかは治療可能です。おそらく、われわれが治療できる癌はもっと多くなるでしょう」

「しかし、当面の目標を選ばなくてはなりません」と彼は言う。「それは、結腸ガンを明日絶滅させることではありません。病気を理解することなのです。それには多くの段階を踏まねばなりません。誰も敗北への道をたどることを望んでいませんからね。一つの小さい目標に達するごとに、幸せだと思ってください」

そうやってこそ、ものごとは達成されていくのである。小さな目標を設定すること。それに立ち向かうこと。新しくて、いま少し大きな目標を設定する。そしてまた、それに立ち向かう。それを達成するのだ。

ルウ・ホルツが、ノートルダム・フットボールチームのヘッドコーチとなる前は、彼が真に望んでいたのは彼自身が選手として出ることだった。しかし彼が高校のチームに入部を志願したとき、彼はたった五二キロぐらいしかなかった。

ホルツは自分が小さすぎることがわかっていた。それでも彼はどうしても出場したかった。そこで彼は、チームの一一あるポジション全部ができるように、ふだんから練習をしていた。選手の誰かが怪我をしたら即座にフィールドへ走って行けるよう訓練をしていた。こうして彼は、一一か所のチャンスだけではなく、一一か所のチャンスも得ていたのである。

「今日のビジネスでも同じことです」と作家のハーベイ・マッケイは、「もし事務所で働いているのなら、電話の働きを勉強しておこう。コンピュータの世界がどうなっているか知っておこう。もし営業を担当しているのなら、コンピュータについて知ろうとしよう」と言う。こんなふうにしていたら、機会到来のときに、それをつかんで、もっと大きい機会を得ることになる。ルウ・ホルツがしたように、目標はチームにとって、あるいは会社にとって、あなたの価値がいっそう高くなるように設定するのだ。肝心なことは目標を設定して、それに到達するよう努力することだ。あるときは予定通りに成功するだろうが、ときには考えていたよりも長く時間のかかることもあるだろう。そしてときには、到達できると思っていたものを、手に入れられないかもしれない。またあるものは、思っていたものと全然違うかもしれない。要は計画を立て、根気よく続けることだ。そうすれば必ず成功するということがわかるであろう。

スカラマンドレ・シルク社のアドリアナ・ビターが言うように、「おそらく、ときにはあまりに高く目標を設定しすぎて、必ずしも頂点に達しない場合もあるでしょう。しかしその梯子を登り始めることは必ずできるものです」

具体的な目標がないと、あてもなくさまよい歩き、真に身を入れて生きるということをしないということは、よくあり得ることなのである。どうしてもという感覚がないから、時間は浪費される。ものごとには期限というものがない。何も今日という日にしなければならないということはない。何でも無限に延期させることが可能である。目標というものは、われわれに方向性を与え、われわれをあることに没頭させることのできるものだ。

コーニング社のデビッド・ルーサーは、現代のこの無目的性へと向かう傾向をよく指摘している。彼はその傾向が、家庭にいる子どもたちにどんなに悪影響を及ぼすかを憂慮する。そこで彼は絶えず子どもたちと、目標について話をする。

「ときにはいろんなことに巻き込まれることがある」と、彼は子どもたちに言う。もちろん、言うのは簡単だ。しかしどうやってこの落とし穴を避けるか？「要は」、ルーサーに従えば「自分自身を知ることだ。いま自分が知っていること、したいと思っていることは何かをよく考えるんだ。とにかくお金のことは、しばらく気にしないことだ。お前たちがお父さんぐらいの年齢になったとき、自分がそうなりたいと思っていて、それを達成したのはこれだと、人に言えるのは何だろうか。他人とは違うのはこのことだ」

賢い目標は、どのようにしてつくり出せるだろうか？　ほとんどの場合、人はちょっと考えてみるだけでよいのだ。しかしその気持ちを自分のすべきことに集中させる、いくつか有効な手段がある。ルーサーが子どもたちに考えてみようと促した、あれと同じ質問を自分でやってみるのもいい。

「一歩後ろへ下がって、こう言ってみよう。『わたしがほんとうになりたいのは何だろう？　どんな人生をわたしは送りたいと思っているのだろう？　わたしはいま正しい方向に向いているだろうか？』と」。この助言は、あなたが職歴上どんな地位に達していようと、大切なことである。

何が目標かはっきりしたら、それに優先順位をつけることだ。全部を一時にはやれないのだから、自分自身に聞いてみなくてはならない。何を一番にすべきか？　いまわたしにとって一番大事な目標は何か？　その順位に従って、時間とエネルギーとを組み立てていく。このことは、往々にして最も難しいことである。

『サン・ディエゴ・ビジネス・ジャーナル』の発行者、テッド・オーエンスは、彼の目標に優先順位をつけるために、心理学者の友人の助言に従っている。「彼は一枚の紙の真ん中に、線を縦に引くように言いました。左側に、何でも好きな数を書けというので一〇を書きました。すると、何歳で——一〇〇でも六〇でも五〇でもいいけれど——隠退するまでに、人生でしておきたいことを一〇個書けと言いました」

「一〇個書きました。立派な退職後の計画、住み心地よい家、幸福な結婚、健康というふうに、とにかく一〇個書きます。で、その残る反対側に順位をつけた一〇個を並べます。その一〇個のうちの一つは第一位にそれから次に、というわけです」

単純すぎる？　おそらく。しかし、役にも立つのである。このやり方を通して、オーエンは自分についていままで気づかなかったいくつかの側面を発見した。「わたしは給料はいいし、安定しているし、自分をいい気持ちにしてくれる仕事が、七番目くらいだということがわかりました」。ひとたび自分の第一位から第七位を確定していけば、目標を念入りに仕上げることはずっと容易になるだろう。

もし何年かたって、目標が発展し変化したら、それはそれで結構だ。「結婚する前は、週末に新聞を読むためだけに、ここへ来ていたものです」とソーク生理学研究所の教授、ロナルド・エバンズ博士は言う。「他に何もすることがありませんでした。研究所にいるのが好きでした。自分の家みたいなものでした。研究中毒なんです」と彼は振り返って言う。「信じられないほど魅力的で、知的な限界を広げてくれます。そこで発見をするのです。他には、これ以上感動することはありません」

しかし生活が変化し、プレッシャーが変化すれば、目標もまた見直さざるを得ない。「家族を持ったからといって、習慣を変えることはとても困難でしたが、わたしはやりました。何もかも全部することはできないと言いさえすればいいのですよ」

個人と同様、会社にも目標が必要である。そして会社が目標を定義しようとするときには、基本的には同じルールが適用される。つまり、目標は明確にせよ。基本的なものへ帰ることだ。あまりに多くの目標を一時に設定してはいけない。

巨大な企業モトローラの場合も、最近三つの特定の目標を決めて運営された。それは正確な数学的な用語で表現されている。二年間ごとに「一〇倍の改善を続けること」、顧客の「声を取り上げること」、五年間で「事務手続きに要する時間を、十分の一に短縮すること」。

どういう意味かと思い悩む必要はない。あなたの会社にこれが当てはまるかもしれないし、当てはまらないかもしれない。ここで重要なことは、会社が目標を持っていること、その目標は会社内部で明確に理解されていること、その目標はやり甲斐のあるもので達成し得るものであること、進度が容易に測り得るということである。このような目標が達成されたならば、会社は大きな躍進を遂げることができるようなものである。

モトローラ社の三つの具体的な目標は、会社全体を動かすのに十分なビジョンを備えている。これと同じように明確で、同じように現実的な三つの目標を持つことが、一個人の人生にとってどれだけのことを成しうるかを考えてみようではないか。

明確で、
やり甲斐のある、
そして到達可能な目標を設定せよ。

12

集中と訓練

一九三三年、フィラデルフィアの有名な種子商、デビッド・バーピーは平凡でありふれた花から、非常に美しく魅力的な花を作り出すというアイディアを思いついた。その花というのはマリーゴールドのことで、きわめて不幸な特徴をもった、惨めな小さな放浪者だった。つまり、いやな臭いがあったのである。

そこでデビッド・バーピーは、マリーゴールドを改良して、鼻孔にショックを与える代わりに、快い刺激を与えるようにすることに取りかかった。これには唯一の方法しかなく、それは植物学者が突然変異と呼んでいるところのもの、つまり偶然にこの不愉快な臭いがしなくなった花を見つけだすことだった。そこで彼は世界中のマリーゴールドの種子を捜し求め、六四〇個の異なる栽培種を手に入れた。それを植え、大きくなって花が咲くと、彼は鼻を花に押しつけて嗅いだ。どの花もいやな臭いがした。すこしがっかりしながら、それでも彼は探し続け、遠くチベットに住む宣教師が送ってきた種が、ようやく臭いのない、一輪の細い花を咲かせた。

デビッド・バーピーはこれを手持ちのたくさんの品種と交配し、三五エーカーに植えた。花が大きくなり、しっかりしてくると、彼は園丁頭を呼んである命令を下した。それは園丁頭が、主人は気が狂ったのではないかと思うようなことだった。彼は園丁頭に、手と膝を曲げて、三五エーカーの一つひとつの花を嗅ぐようにと言ったのである。大きな花をつけて、臭いのないものが一つでも見つかりさえすれば、それこそが求めているものなのだ。「これを全部嗅ぐなんて三五年かかります」と園丁頭は言った。そこでその地方の人材派遣会社にも話し、いままでに聞いたこともないような注文をした。「一〇〇人の花嗅ぎ人を求む」というのだ。

花嗅ぎ人は各地からやって来て働き始めた。こんな狂気じみた光景はいままでに見たこともなかったが、デビッド・バーピーは自分のしていることをよくわきまえていた。ついにある日、花嗅ぎ人の一人が跳び踊りながら畑を越えて園丁頭のところへやって来た。「見つけましたよ」と彼はわめいた。園丁頭はその鼻嗅ぎ人について、彼が目印の棒杭を突き刺した場所に行った。確かにそうだった。あのいやな臭いのかけらもなかった。

デール・カーネギー

マーガレット・サッチャーは、史上最も困難な数年間――フォークランド紛争や世界的な不況、

一、二世紀は続く社会的変動を含む時代――の英国を率いた。この時代はいろいろのことがらが彼女の輝しき政治的経歴を破壊へ導いたが、英国の首相としてサッチャーは（この地位に就いた最初の女性であることは言うまでもなく）、彼女が成し遂げること以上の責任と取り組んだ。しかし、英国のどんな政治的立場に立つ人も認めなければならないことが一つある。それは、鉄の女はけっして一度たりともくじけなかったということだ。彼女は圧力のもとで、どうしてこのような強さを維持しつづけたのだろうか。

サッチャーは辞任後しばらくして、こう説明している。「英国のような、よい時代にせよ悪い時代にせよ、世界情勢をリードした強国、すなわち常に信頼されている国家を統率するときには、鉄のような強固な精神を持たなければなりません」

それは実際には、それほどややこしい説明を要することではない、と前首相は語っている。精神を集中しつづけること。自己鍛錬すること。何が何でも成功しようと思うこと。「厳しい努力をしないでトップに行った人なんてありません」と彼女は続ける。「それが世の常です。努力したからといって、必ずしも頂点に達するとは限りませんが、そこに近いところまでは行くはずです」

マギー・サッチャーにはよくわかっていた。心の中にはっきりと目標を持つこと。ほんとうにあることを望むなら、自分自身を信じ、それを求めつづけること。自分自身をそのことから気をそらせることをしてはならないこと。ビジネスでも、家庭生活でも、スポーツでも、政治でも、このシンプルなルールに従うこと。そうすれば成功の機会は天文学的に大きくなるのである。

イバン・スチュアートには目標があった。彼は長距離のオフロード車レース――三〇〇、五〇〇、一〇〇〇マイルの荒れた地形を走り、いつも物凄い精神の集中と、激しい背中の痛みを伴うレース――に出場したいという生涯の夢を持っていた。しかしスチュアートは建設会社の総監督で、彼には妻とローンの残っている家と、育ち盛りの三人の子どもがいた。彼にはそれぞれ責任があり、いろいろと約束していたことがあった。どうみても彼の人生は、彼の目標とは逆に向かっていた。しかしそれでも彼には計画があり、それを実行しようとする猛烈なエネルギーがあった。

「わたしはレースと何か関係のあることをしたいと思いました。それで勤務時間後と週末にレーシングカーの仕事をしました。そのうちレーシングカーに乗るチャンスが来ました。ちょっと関わってみたかっただけで、そのときはまったく、それがプロになるだろうなんて思ってもみません」とスチュアートは語る。

ある日、チャンスが到来した。スチュアートがいっしょに仕事をしていたドライバーが、レースの直前に足を折った。車は整備ができ、出場することになっていた。スチュアートに乗らせる以外に方法はなかった。

そこで友人のアール・スタールが助手席に座り、スチュアートがレースに出ることになった。ところがすべてが最悪の事態となった。彼らは堤防にぶつかって、車はひっくり返った。彼らは泥の中にはまり込んだ。他の車はびゅんびゅんと側を走り去った。彼が自分の力量を証明するたった一つのチャンスは失われ、もはや回復は不可能であるように見えた。

「そのとき、われわれはビリになっていました」。最初のレースを思い出しながら彼は語る。「全部、行ってしまいました。車は三〇秒ごとにスタートします。そのレースには六〇台か七〇台参加していました。それが全部、行ってしまったのです。取り残されたのはアールとわたしだけで、ビリでした。それから一〇マイル、一五マイル、二〇マイル――いやまあ何でもいいのですが――も行かないうちに、スロットルが――フォルクスワーゲンのエンジンを取り付けた車でしたので――足から後ろのキャブレーターまで届いていたケーブルが折れました。そこでもう運転さえできなくなりました。わたしは言いました。『アール、レンチを取ってくれ』。アールは道具入れからクレッセント・レンチを取りました。切れたワイヤーを引っ張り出すと、クレッセント・レンチのまわりをまわすのに十分な長さがありましたので、それでクレッセント・レンチを縛りました。わたしはこれを手早くやり終えました。五分か一〇分のうちに、手動のスロットルを動かせるようになりました。そこでスロットルを押すと、クラッチが押せ、片手で車を動かせるようになりました。でもパワー・ステアリングはありません。これはわれわれの決心の問題でした――わたしは運転したかったのです」

「わたしはアールに言いました。『きみがギアの切替えをしてほしい』。というのは四段切替えだったからです。『チェンジしてほしいときは肘で突くから』。そこでわたしがスロットルを押すと、無茶苦茶になります。わたしがクラッチを入れると、スロットルは上がり、彼はギアを間違えます。でもどうやら、かなりうまく行くようになりました。わたしはスロットル・レバーを押したり引いたりしました。わたしがクラッチを押して彼の肘を突くと、彼はギアを上げてくれます。間もなく彼はどうしたらいいかがわかるようになりました。めちゃくちゃになったこともありました。それは時々、彼がギアを下げようとするのにわたしは上げようとしたからで、またその逆もありました。しかしうまく行くようになりました。そして間もなく追いつき始めたのです。三〇〇マイルのレースでした。一台、また一台と追い越します。チームワークで、われわれはうまく行ったのです。やがてほんとうに車を走らせていました。そうです、車を走らせて、結局レースに勝ったのです。三〇〇マイルレースに勝ったのです」。このような集中と自己鍛錬こそが、人生のあらゆる場でのレースに勝つために必要なものだ。

スチュアートは、その後続いてアメリカのオフロード車の最優秀ドライバーになった。彼は、名誉あるボルボライン石油の鉄人トロフィー――スポーツで言えばハイズマン賞とスーパーボウルとを合わせたようなもの――を何度も獲得したので、彼のファンはいまでは鉄人という名で呼んでいる。身体を酷使するスポーツでは高齢といえる四七歳になって、スチュアートはさらに三年間、トヨタとの専属契約をしたのだった。

「たしかにわたしは年はとっています。それにたくさんの若者が参入しています」。でも、このことはもう一度挑戦する理由にこそなれ、あきらめる理由にはならない。おそらく鉄人は六〇歳になってもまたレースに出場するだろう。そのような集中力こそが、どの分野であろうと成功者と不成功者とを分かつものなのだ。

それが巨額な資金を調達するためのたった一つの最大の秘訣だ、とソーンダーズ・カープ社のトマス・A・ソーンダーズ三世は言う。

「数年前モルガン・スタンリー社のために、巨額の資金を調達したとき」とソーンダーズは回想している。「参加したマーチャントバンカーには、二億ドルの調達が割り当てられていた。われわれは二三億ドルを調達した。これは純粋に株式による資金として集めた額としては、史上二番目に多い額だった。その恐ろしいほどの成功は、まさに粘り強さの賜物と思う。会いに行って断わられることを受け入れようとしなかった。ノーという返事を受け入れる気はなかった。もう一度戻って、押しつづけよう、誰かがノーと言ったときはそれが何故かを考えよう、そして、恐らくその人がイエスと言うまで説得しようという意志だけだった」

フレッド・シーバートはニューヨーク生命保険会社の財務担当者である。彼が粘り強さを学んだのは、同じくフレッドという名の父からだった。「彼が生涯好きだったのは、トランペットを吹くことだった」とシーバートは父について語っている。「彼は人気のあるいくつかのビッグバンドと一緒に演奏した。ハリー・ジェームズとかアーチー・ショーとか、ジャック・ティーガーデンなどもいた。彼はとても優秀なトランペッターだった」

その父親でさえも、基礎練習をけっして怠らなかった。「いつも音階を吹いていた」と息子は言う。「もう全国で一、二を争うほどのトランペッターなのに、一体何をやっているかと言えば、自分が吹けるようになりたいと思っているわけじゃなくて、音階を吹いている。何時間も何時間も、何日も何日もだ。父はいろんな音階を吹いていたものだ。そしていつもわたしに言っていたのは、音階を知っていてそれを速く吹くことができさえすれば、どんな曲に出会おうと即座にものにすることができるということだった」

これと同じような揺るぎのない集中力が、一六年のときを隔てて、二人の南部出身の政治家をホワイトハウスへと送り込んだ。一人はジミー・カーターという名の、ジョージア州出身の柔らかな語り口のピーナッツ栽培者で、もう一人は、アーカンソー州のホープという名の、地図で見ると小さな点のような町で生まれた。彼の名はビル・クリントンという。

カーターが七六年の選挙運動を開始したとき、全国的に有名なプロの政治家たちは、彼にほとんどチャンスを与えなかった。ジョージア州以外では、彼のことを聞いたことのある人はほとんどいなかったし、彼が直面したのは、もっと華々しい脚光を浴びている民主党員たちで満ちあふれた世界だった。選挙運動の最初の一大難関はニューハンプシャー州だったが、それはこのジョージア生まれの男にとっては、故郷から一番遠い場所であった。

クリントンが九二年に選挙運動を開始したときにも、同様の強敵に直面していると思われた。ほとんど同じ理由で、彼はカーターよりはほんのわずかに知名度が高かったが、そう大したものではなく、現職の共和党の大統領は大規模な人気投票で勝ったばかりだった。

昔の選挙通に従えば、二人の政治家のどちらも勝てる可能性はほとんどなかった。大統領予備選挙の序盤の終わり頃までには、南部出身の二人は選挙運動からはじき出されるだろうと思われていた。しかし実際に起こったことは、もちろんそうではなかったわけだが、それには多くの理由がある。しかしこの理由のうちで最も重要なことは、二人の選挙運動における集中と自己鍛練とにあった。

このきわめて厳しい選挙戦中、二人は途中で諦める理由には事欠かなかった。カーターにとっては、彼がまったく無名であるということのほかに、テッド・ケネディの脅威があり、カーターではなくケネディこそが「真の民主党員」に選ばれるべきだという一般的な思い込みが付きまとっていた。クリントンにとっては、ジェニファー・フラワーズの問題や、彼を落選させろという論説、強力な現職大統領、そしてほかにペローという名の競争相手がいた。

しかしこういう強敵や逆境も、七六年のカーターを阻止できなかったし、九二年のクリントンを阻止できなかった。最大の理由となったのは、彼らが二人とも、しっかり狙いを定めていたということである。彼らはある具体的な目標に向かって努力していた。誰もが子どものときから持っていた夢に。その結果、彼らは超人的とも言えるやる気を持っていた。彼らは死に物狂いで努力し、その眼をボールから離さなかった。そしてついに勝利を収めたのである。

粘り強さは、要因のもう一つの側面である。人生で欲するものを得ようとすれば、自分自身を信じ、求めるものを進んで追い求めなければならない。繰り返し繰り返し、挑戦することである。

世界最大の広告代理店の一つ、J・ウォルター・トンプソン社のバート・マニングは、最初はコピーライターだった。彼はフォード、リバー・ブラザーズ、ネッスル、ケロッグ、コダック、グッドイヤー、ウォーナー・ランバート社などメジャーな顧客のために販売促進キャンペーンを制作して陣頭指揮に当たった、唯一の「制作陣上がりの人」となった。

たしかに才能と創造力とは、広告業のような競争の激しい業界にあっては欠くべからざるものではあるが、勤勉と集中力と継続がなければ才能と創造力もすべて無にすることもありうる。マニングが彼の職業生活のはじめに学んだのはそれであった。

彼は最初の大物顧客のための大キャンペーンと彼が考えたものを提案した。その顧客はシュリッツで、マニングが繰り広げようと思っているスローガンは、後に「うーん、旨い」と同じくらい有名になった「シュリッツのないところには、ビールはない」だっだ。マニングはこのキャンペーンが気に入っていた。しかし今日では信じがたいことだが、シュリッツ社はそうではなかった。シュリッツ社の人びとは、このアイディアは全体としてあまりに消極的だと考えたのである。彼らはマニングがもっと活気のあるものを提案してくれることを期待した。

マニングは諦めなかった。彼は顧客のもとに何度も出向き、この販売促進キャンペーンの企画を全部で六回も説明した。彼は最後の反応を思い出して語る。「わたしがこの企画をあんなに何回も蒸し返すことができたのは、顧客との間に、わたしを受け入れ、わたしを部屋から追い出したりはしない関係を持っていたからだ。六回目に彼は言った。『よし、実のところこれがいいとは思えないが、きみほどの人がそう思うなら、とにかく一度試してみよう』

その後どう経過をたどったかは、もちろん広告史上、有名な話そのものだ。マニングの才能と独創性は、第一級のキャンペーンを考案していった。しかし勤勉と継続があったからこそ、一般大衆に受け入れられたのである。デール・カーネギーはこの原則を、次のように表現している。「忍耐と粘りが、この世界では、きらびやかな疾走よりも多くのことを成し遂げる。そのことを、うまく行かないときに思い出そう」

「何事にせよ、気落ちすることはない」と彼は記している。「継続せよ。けっして諦めるな。成功したほとんどの人がモットーとしていたのは、それだ。もちろん挫けそうになることはあるだろう。重要なことは、それを乗り越えることだ。それができれば、世界は自分のものだ」

このことばが意味するのは、具体的には、大切で基本的な目標が何であるかということをよく覚えておかなければならないということだ。広告企画の売り込みであろうと、自動車レースにおける勝利であろうと、合衆国大統領に選ばれることであろうと、何であろうと同じなのだ。あとはひたすら目標に向かって努力することだ。

それから必ず、最後まで十分にやり遂げることだ。これは必ずしも容易ではない。一歩一歩を確実に踏みしめ、あらゆる仕事のあらゆる細部をいつも完全にやり遂げるように、自分を訓練しなければならない。それこそが人びとを、企業にとってはより価値あるものに、組織にとってはより重要なものに、同僚や友人にとってはより信頼に値するものにと変えるのである。あらゆる細部にわたって完全にやり遂げることが。

「事務所に入っていったときに、返事がほしいという電話のメモが山積みにされているのを見たら――厚く積み重なっているのを見たら――わたしはこう思うだろう、『こいつは面倒見きれないな』」と言うのは、コーニング・ラボ・サービス社の最高経営責任者、マーチン・ギブソンである。「しかし電話の返事すらしないとすると、自分の信頼性に少々疑問が生じるからね。このような小さなことが大切なんだよ」

自分が信頼し甲斐のある人間であることを証明すると、実際にどれほど信頼できるかを見せることができる。さらに大きな機会が与えられるものである。ギブソンは言う。「頼りになる人間だと知っていれば、何かを頼むだけで念押しのメモなど作りはしない。きちんとやってくれると信じているからだ。それが頼りがいというものだ。電話に返事さえしないような、そのような当てにならない連中の仲間になるな。彼らは会長からメモを受け取っても、どう返事をしたらいいかわからず、そのへんに貼りつけては忘れてしまう。会長はそこで『一体あいつはどうかしたのか?』と訝りながら、困り果てているという具合だ」

成功か失敗かが日常的に判断されるのは、こういう訓練の行き届いた細かいことがら――何百何千という細かいことがら――においてである。「それは昔からだ。早く予約を取りつけるとか、約束通りに最後まで実行することを忘れないとか、自分の仕事にプライドを持つなどということと同様に」とハーモン・アソシエイツ社のジョイス・ハーベイは言う。「もし信用状を出すのなら、一から四までの段階を順番に踏まなければならない。三つ目を飛び越してはいけない。間違いは高くつく。早く動きすぎてはいけない。細部をチェックして、的を絞るんだ」

ロス・グリーンバーグが訓練と集中力の重要性に気づいたのは、九〇年にマイク・タイソンがバスター・ダグラスにノックアウトされた夜のことだった。タイソンはそのとき、文句なしにヘビー級のチャンピオンだった。ダグラスはタフな闘士ではあったが、試合開始のベルが鳴るまでは、大して勝ち目があるとは思われていなかった。

グリーンバーグはHBO（ホーム・ボックス・オフィステレビ）のスポーツ番組の総合プロデューサーで、タイソン－ダグラス戦以前に、一〇〇を超えるタイトルマッチをテレビに提供してきた。しかしグリーンバーグのようなベテランでも、劇的な事件によって集中力を失うこともありうるのである。

グリーンバーグの回想によれば、「第二ラウンドのあたりでは、明らかにダグラスの方が優勢で、タイソンの形勢はよくなかった。タイソンは三つか四つ、ストレートジャブを喰らって、うちのアナウンサーとわたしとは急遽、話の筋をそこへ持っていった」。ここまではまずまずだった。「第四ラウンドで、ダグラスはコンビネーション技をかけ、タイソンはピンチに立った。連絡の電話線に大きな絶叫が走った。移動カメラ自動車の中の画面を見ていた人たちは、われわれがテレビで現に見ていることが、実際に起こっていることであると気づいた。というのは、これはめったにないことの一つだが、われわれは仕事よりも、現実の試合の方に気を取られていた。その光景を鮮明に記憶している。いっしょに仕事をしていた連中も、みな同じことを言うだろう。それに気づいて、わたしは言った。『わかったか、みんな落ち着くんだ。いまは仕事中だということを忘れるな。あまりリングの上で起こっていることにのめり込みすぎると、手元の仕事を見失うぞ』。そう言うだけで十分だった。すなわち、みなは即座に、自ら試合にのめり込むことから離れ、本来の仕事に立ち戻った。そのすさまじいジャブの入り乱れを再生する準備に入ったのだ」

生放送のテレビには、ヘマをする余裕などほとんどない。「もしその瞬間、ダグラスへの大声援に気を取られていたら、録画とCMの合図をすることができない。そうしたら、同僚のディレクターも、そのラウンドが終わったとき、再生を見るための合図ができなくなるだろう。そうすることが、われわれの仕事だというのに」

しかしグリーンバーグは、彼もやはりその記念すべき夜に、危うく集中力を失うところだったことを認める。「わたしはけっして、そして絶対に忘れない。そう絶対に忘れない。タイソンがリングに倒れた瞬間を。まるでボクシングのヘビー級チャンピオンシップの歴史を読んでいるようだった。そしてほんの一瞬にその頁はめくられて、新しい章と新しいヘビー級チャンピオンシップに出会うことになったのだ。わたしはその記憶を死ぬまで持ちつづけよう。タイソン―ダグラス戦も、それからおそらく、またこのテレビの試合があるかもしれないが、これだけは言える。『わたしもそこに居合わせたんだ』と」

強烈な集中力を維持することは、スポーツ放送のテレビにおいて重要というだけではない。スコット・コイン博士の場合、同種の集中力と訓練とが、文字通り生死の別れ途だった。

放射線医学者のコイン氏は、かつて聖職者になるための勉強をしていたことがあったが、アビアンカ航空のボーイング七二七便が、一月のある不運な夜に彼の家の近くで墜落したとき、その場に立ち会った最初の医師であった。一時間以上も、その場の医師はコイン氏たった一人だった。

彼は旅客の傷の手当てを一人ひとり、しなければならなかった。また神経を休めてやらなければならなかった。彼は全員に一人当たりほんの一、二分のうちに、それも無言で治療しなければならなかった。というのは飛行機に乗っていたのはほとんどがコロンビア人で、英語はまったく話せなかったからである。コインのスペイン語も、せいぜい「ドク・トル、ドク・トル」の域をあまり出なかった。身体中の全神経を集中させて、こちらの言いたいことをわかってもらうようにしました、とコインは語った。そして仕事の進め方を発見したのだった。

「聴診器を当てました」と、彼はあの狂気の夜を思い出しながら語る。「わたしは『ドク・トル』と言いつづけました。彼らの何人かは叫んだりわめいたりしていました。彼らがわめいていたのは、脅えていたからか、傷で痛めつけられていたかはわかりませんが、顔に触れることで彼らと意志の疎通ができました。彼らがどんなふうにこちらを見るかで、どれほどひどく傷ついているかわかったはずです。

「彼らの耳許で囁かなければなりませんでした。わたしは平静さを保って彼らを抱き、ことばをかけ、彼らに触り、顔をなでてやって、安心させなければなりませんでした。全員からいきさつを聞き出すことは不可能でした。どこが痛むのかさえ聞けないんです。どんなに傷がひどいか？　背中に怪我をしているのか？　わたしは文字通り患者を一人ずつ、頭のてっぺんから足の先までチェックして、それから骨の並びをたどっていくと、この骨折はとても異様だということがわかるのです。あんな骨折は見たことがありませんでした。足は文字通りぶら下がっていました。骨折をチェックして、それからできるだけ輸血を始めます。それからまた次の患者に取りかかり、最初から全部やり直し、胸郭をチェックします。手でね。彼らは話すことができませんでした。何を言っているかわかるように、指で示せとさえ言えないのですよ。まったくあんなことは、この世のものとも思えないような経験でした。手当てをしている間は、アドレナリン値がものすごく上がりますよ」

集中力。一〇〇パーセント徹底した集中力。それでコインはやり通したのだ。

コインの集中力はきわめて徹底したものだったので、周囲のことは何もかも彼の関心外だった。彼は自分がいかに集中していたかを、のちにストレス管理についてのセミナーでその事件の話をしたときに、やっと気づいたのだった。そこに居合わせた他の人たちは、その種の状況下で一般に予想されるような批判を次々に並べ立てていた。救急車がどうだとか、消防車がどうだとか、ラジオがうるさかったとか、生存者の悲鳴だとか、わめきながら右往左往していた救助隊員等々。しかしコインには、そんなものは何一つ聞こえなかった。

「わたしが覚えているのは、非常に静かだったことです。あらゆるものが静かで秩序正しいように思えました。何も聞こえませんでした。聞こえないほど集中しなければならなかったのです。まるで夢を見ているようでした。覚えていることと言えば、完全な静寂の中で事が進んでいたということだけです。何も聞こえませんでした。わたしが聞いた唯一のものは、約一時間後にやって来たヘリコプターの音だけでした。ヘリコプターは、怪我人を何人か救出するためにやって来たのです」

集中力――気を散らすものを無視し、重要なものだけを追求する能力。それこそがあの夜の明暗を分け、彼らすべての生命を救ったのだった。

リーダーはけっして
集中力を失わない。
自分の眼を大局から逸らさないのである。

13 バランスを失わない

合衆国陸軍は何回ものテストの結果、長い間の軍事訓練によって鍛えられている若い兵士たちでさえ、一時間に一〇分ほど背嚢を下ろして休息した方が、行軍もはかどり、耐久力も強くなるという事実を知った。だから合衆国陸軍は兵士たちに休息を命令している。あなたの心臓も合衆国陸軍と同じように頭がいい。あなたの心臓は毎日、タンク車一台分に匹敵するほどの血液を全身に送り出し、循環させている。そして二四時間に消費するエネルギーは、二〇トンの石炭を高さ九〇センチに積み上げるのと等しい。この信じられないような重労働を五〇年、七〇年、場合によっては九〇年も続けるのである。どうしてそれに耐えられるのか？　ハーバード大学医学部のウォルター・B・キャノン博士はこう説明してくれる。「たいていの人は心臓が常時働いていると考えている。しかし実際には収縮するごとに一定の休止期間がある。毎分七〇という適度の速さで鼓動するとき、心臓は実際には二四時間中、わずか九時間しか働いてはいない。合計すると、その休止期間は一日にたっぷり一五時間あるわけだ」

第二次世界大戦のとき、ウィンストン・チャーチルは六〇代の後期から七〇代のはじめにかけての年齢だったが、一日に一六時間働いて、何年間も、英帝国の軍事行動を指揮することができた。まさに驚異の記録である。その秘訣は何か？　彼は毎朝一一時まではベッドに入ったまま報告書を読み、命令書を口述し、電話をかけ、重要な会議を開いた。昼食後、彼は一時間眠った。夕方にはまたベッドに戻り、八時の夕食の前に二時間眠った。彼は疲労を回復したのではない。回復する必要がなかった。彼はそれを予防したのだ。何度も休息を取ったお蔭で、生き生きと元気よく、深夜まで働くことができたのである。

デール・カーネギー

トム・ハートマン神父は二〇年以上聖職についている。彼の全生活は神と他人への奉仕に捧げられている。彼の毎日は、それを必要とする者への慰め、病める者の世話、悲しむ者への助言、そして人びとを神へより近づけようとする努力に明け暮れている。しかし悲しいことに、神父の忙しい生活から忘れ去られていることが一つあった。

ある朝、彼の父親が牧師館に電話をかけてきた。その頃ハートマンは、ロングアイランド島シーフォードにあるセント・ジェームズ教会区に奉職していた。彼の父親はファーミングデールの道路沿いで酒屋を営んでいた。ハートマンが若かった時も、聖職に就いてからも、両親がハートマンについて非難するようなことを言うのは、一度も聞いたことがなかった。しかしその朝の電話の、父親の声は少し苛立っていた。

「トム、ゆっくり折り入って話したいことがあるんだがね」と父親は言った。

「いいよ」とハートマンは答え、二人は会う約束をし、ようやく会うと、父親はいきなり心に溜まっていたことを話し始めた。「トム、お母さんもわたしも、お前のことには感心しているよ。いつもお前がよい仕事をしていることを耳にするし、それをわたしたちはとても誇りにしている。しかしお前は、ちょっと家族のことを忘れているんじゃないかね。お前がたくさんの人を助けていることは、よくわかっているよ。しかし所詮その人たちの多くは、お前のところへ来るかもしれないが去っていく人だろう。ところが家族はいつもお前のためにいるんだよ。それなのにいままでは、お前がわたしたちに電話してくるときといったら、いつも何かしてほしいと頼みごとのある時ばかりじゃないか。忙しすぎて、話をする時間さえとれないようだね」

ハートマンは思いがけない話に一瞬驚いた。「ええ、お父さん」と彼は言った。「わたしは物心ついて以来、お父さんのやり方をじっと見てきました。お父さんは週に七〇時間も農作業をしていましたよね。お父さんは偉いと思ったのです。だからわたしも同じことをしようと思ったのです」

しかし父親は、その返事に納得したようではなかった。「トム、お前にはわかっていないようだが、お前の仕事は昔のわたしの仕事よりきついものだよ。わたしの仕事は肉体労働だ。果物と野菜だ。それに、終われば家に帰って、家族と一緒に過ごしたよ」。ハートマンは何と言ったらいいか、わからなかった。しかし父親が、別にいますぐ返答してくれなくてもいいと言ったので、ほっとした。「わたしはこのことについて、ただお前に考えてほしいと思っているんだよ」と父親は言った。

ハートマンはそのときの会話が気になって、その日の残りの約束は取り消した。それから弟や妹に電話することにした。電話してわかったことを、彼は後で説明している。「彼らに電話したとき、話をしたのはほんの数分でした。そしてみな、申し合わせたように同じことを言いました。『で、何の用?』それでわたしは父の言うことが正しいと認めざるを得ませんでした」

他人に人生の展望とバランスを持たせるのを職業としている人間でさえ、少なくとも彼の生活のある部分では、自分が他人に説教していることを実行していないということを、他人から教えてもらわなくてはならなかったのである。それは誰もがときには犯している過ちである。

われわれにとって、生活上のバランスをとること、仕事以外のことをする余裕を持つことは、欠くべからざることである。それはただたんに個人生活をより幸福で満ち足りたものにするというだけではない。それは同時に、仕事の上でももっと精力的でかつ集中力のある、より生産的なものにするためなのである。

ハリソン・コンファレンス・サービス社の会長、ウォルター・A・グリーンはバランスのとれた生産的な生活を「何本も脚のある椅子」にたとえている。グリーンの信じるところでは、一本脚の、すなわち一次元の生活しかしていない人があまりに多すぎる。彼らは四六時間中、自分のキャリアだけに関心を集中しているのである。

「わたしの経験では、みながみな、一次元的な見方を一生持ちつづけているんだ」とグリーンは語っている。「勧めたいのは、自分の生活を、一つは家族、一つは友人、そして趣味、健康といった、いくつもの面をもった何本脚もの椅子にすることだ。わたしは三〇代、四〇代、五〇代になって、職業やキャリアで自分の期待したものが実現できなかった一群の人びとを見てきた。一本脚の椅子の生活を送った人たちがはまる落とし穴なのだ」

これは相当の成功を収めた人たちにも、やはり起こりうる問題である。グリーンは続けて言う。「生涯のある段階で、あなたは何か他のものをほしくなる。中年以後になってはじめて友情を深めたり関心を広めたりするのはありうる。しかし五〇男がはじめて、自転車の乗り方を習う姿を想像してみたまえ！」それはけっしてあまり恰好のいい図ではない。

バランスの重要性――個人にとっても、彼らを雇っている会社にとっても――は、やっと最近になって、よく理解されるようになった。しかしよいリーダーがいる会社ではどこでも、従業員が真にバランスのよい生活を送れるように、手助けをしている。

世界的な資金運用会社、タイガー・マネジメント社のニューヨーク本社には設備万全なトレーニング・ルームが会長室に併設されている。タイガー社は従業員全員に、この部屋を利用するよう奨励している。

「体育館は三倍の広さにするつもりだ」と同社の会長、ジュリアン・H・ロバートソン・ジュニアは誇らしげに言う。「わたしの見るところでは、若い社員は全員、仕事の後にここへ来るようだ。彼らが市内のヘルス・クラブよりはここへ来るということは、非常にうれしいことだ。彼らは互いに話し合って、意見を交換している。こういうことが、実にすばらしいことなのだ」。そしてもちろん、そのことは明らかに彼ら自身にとっても、肉体的・精神的にすばらしいことだ。

「全人格的な人間でなくては、偉大な経営者あるいは偉大な幹部社員になることは不可能だと思う」と南北米で業務を展開しているチリのコンピュータシステム会社、ソンダ社の社長、アンドレス・ナバロは言う。彼は適切なたとえとして、「もし運動選手になろうと思えば、たとえば槍投げであれば、ただ腕が強ければいいというものではない。全身を鍛えなければならない」と言っている。

だからもし偉大なリーダーになろうと思うなら、生活のあらゆる部分を強く完全なものにしなければならない。「たとえば会社で大きな決断をし、収益を上げている幹部社員でも、妻や子どもや他の人たちとうまくやっていけないとしたら、それは生活の最も重大な部分で欠陥があることになる。よいリーダーになろうと思うなら、完全な人間になることが必要だ。その最も重要な部分は家庭だ」

フォードのリチャード・フェンスターマッヒャーは、まさにこれと同じ考えを従業員に広めている。「従業員には『きみたちの生活には二面性がある』と言っています。『もしあなたがフォードだけを四六時中考えているとしたら、それは問題だ。きみはきみの家族にも同じくらい責任を負っているのだから』」

現代のリーダーの多くは、常に完全なバランスを保っているかと言えば、必ずしもそうとは言えないのである。たくさんのボールを、次々高く投げては落とさないような手品は容易ではない。野心家の一般的な傾向としては、仕事を第一にしている。そのことがもっと優先的で、そうすることにもっとプレッシャーがかかっていて、またそうすることが不可欠と彼らには思えるのだ。

ニューヨーク生命保険会社のフレッド・シーバートは、違った意味でのプレッシャーを自分の生活に感じていた。しかし彼は、自分の生活の、相対立する要素をすべてコントロールすることは難しいと、率直に認めている。「わたしは毎日、バランスをとるために四苦八苦しています。目覚めている時間を文字通り全部、仕事に費やしていましたが、一年経っても、自分が知りたいと思っていることを全部学ぶこともできませんでした。それはとても難しいことです」

その通りだろう。時間を仕事と余暇とに合理的に振り分けることは「最も難しいチャレンジだ」と、アナログ・デバイス社のレイ・ステータは信じている。しかしそのチャレンジを乗り越えることは、やってみる価値がある。

フリート・フィナンシャル・グループのジャン・B・ロビンソン・ジュニアは、幸福な家庭生活を送ることがもたらす恩恵を実感していた。「わたしにとって何が一番大事かということについては、一点の疑いもなかった。否、長い眼で見て、一番大事なものはわたし自身であり、妻であり、家族だ」

これは実際にはどういうことだろう？　「わたしは何が正しく、何が妥当であるかについての感覚を維持しようと努めている。もしあまりに仕事に時間を使いすぎて、家族のために使う時間が十分でないとしたら、『あれもやめよう。あの晩餐に出ることも遠慮する。そして家族との生活を犠牲にしないぞ』と言ってみる」

多くの人びとは、もし単刀直入に尋ねられたら、おそらくロビンソンと同じ気持ちだと言うだろう。家族の方が大事だ。遊ぶ時間が大切だ。しかしほとんどの人は、その考えを行動に移さない。彼らはバランスをとることを最優先としない。彼らは仕事の直接的な圧力に負けて、個人生活を満足させることから得られる短期および長期の楽しみを無視するような結果に陥っている。

自分の家族との生活について新たな発見をしてから、トム・ハートマン神父は時間の「浪費」の仕方を学んだ。「何もしない時間を一日に一時間は取るようにしています。神とともに、人びとともに、自然とともにときを過ごします。それがわたしのものの見方を変えました。いまではお互いの関係がよく見えます。物事を強制せずに、味わうことがとても大事です」。家族や友人など、あなたを取り巻くものたちを、あなた自身を、仕事からあなたの心を遠ざけるものを何でも、しみじみと味わうがよい。

サン・ディエゴ郊外のミハイルとナンシーの家では、土曜日はいつもそのために空けてある。

ナンシーが最後の何分かの眠りを貪っている間に、ミハイルと娘のニコルは、ニコルのお気に入りの食事、パンケーキを焼く。二人は庭に出る。そこで彼らは苺のでき具合を調べ、花に水をやり、鳥に餌を与える。彼は娘に、ニッキー・ニコルとベリンカ・マッキントッシュ、つまり彼ら二人が考えた想像上の人物の物語を話してやる。

「わたしたちは毎週土曜日にそれをします。わたしが旅行中であろうが、事務所にいようが」とミハイルは言う。「彼女の眼が喜びで輝くのを見ると、こちらも嬉しくなります」

ラバーメイド社のウォルフガング・シュミットは、たいてい毎晩家族と散歩する。「散歩に行かないとすれば、それは珍しいことです。もし上の息子たちが帰宅していれば、いっしょに行きます。子どもたちはまだ同居していますから、いつもいっしょです。四〇分か一時間ただ歩くだけですが、お天気に関係なく出かけます」

シュミットはまた、一人で過ごす時間も持つことにしている。「体を使って何かするだけで、それは治療になります。木の葉を掻き集めるとか、木を切るとか、木を植えるとか、どんな雑用でも、治療になります」

SGSトンプソンのビル・マカヒラヒラは、毎日自分のための時間をつくっている。もっともそれは朝の三時に起床してのことではあるが。マカヒラヒラは夜明け前の起床の意味をこう説明している。「一日中忙しいけれど、いつもここには夜の七時か八時頃までいる。そして朝には、ここにいることが必要なのだ。なぜだかわからないが、朝ごとに深い瞑想をする場所にやっとたどり着いたという気がする。とても静かだ。わたしは伸び伸びと寝そべり、新しいことを考えたり、本を読んだり、日々のことを振り返ることができる」

その効果はてきめんである。それをし終わると、その日にわたしが解決しなければならない重大な問題を抱えている真只中でも、心が平静になり、自信が持てるようになる。

コーニング社のデビッド・ルーサーも忙しい。彼も妻や息子と年に四回休暇を取り、スキーをしたり、海辺近くをそぞろ歩く。彼は仕事と全然関係のない本を読むのだと言う。そして他のことに何も気乗りがしないときは、「外へ出て行き、ベランダに座って、鷹を眺めるようにしている」

暇な時をどう楽しんだらいいかわかったら、その同じ気持ちを仕事の方にも振り向けよう。事務所は気の滅入るような場所でなければならないと、一体誰がそんなことを言っているだろうか。

たしかに、フォードはそうではない。経営首脳陣といった上層部では、軽快な気分が浸透している。「誰かが取締役会に新任されると」と、営業担当重役のリチャード・フェンスターマッヒャーは説明する。「新役員にミッキーマウスのついた時計を贈呈する。役員室の外で盛大な披露をする。みながやって来て、そのまわりに群がり、誰かが演説をする。『つまりこれは、時計を貰うためには二五年間を、この会社とともに過ごさなければならないという意味ではない。これはきみの時計なので、これを見たときには仕事は楽しむべきであることを思い出してもらいたい。それがミッキーマウスの意味だ』」。

トム・ソーンダーズは国際的なマーチャント・バンク、ソーンダーズ・カープ社において、楽しむということは何よりも大切なことの一つとしている。「いつも時間の無駄遣いをしている。少しでも座る時間があると、お互いにからかったりふざけたりする。わたしはいつもみなをからかってやるのだけれど、連中はわたしをもっとからかう。でもいつも彼らを冷やかしてやる。いつもだ。それを楽しんでいる。あまり深刻にならないことだ」

テレビのニュースキャスター、ヒュー・ダウンズは、チャーチルが上手に用いたとされている仕事の上でリラックスする方法を借用し、それに彼独特の味を加えた。「わたしと偉大な人物たちとの共通点は――一つだけだが――短時間眠るだけでリフレッシュできるということです」とダウンズは言う。「椅子に腰をおろして、三分間でも五分間でも眠ることができます。そして眼が覚めると、まるで一晩眠ったような気分です。わたしは時々、他の準備が全部整ったときは更衣室に入って、『放送開始二分前に起こしてくれ』と言っておきます。そうすると二分前に来て起こしてくれます。そこでわたしは出ていって、ニュース・ショーを始めるというわけです」

「妻はそれを笑います」とダウンズは続ける。「彼女は言うんです。『もしあなたが二時間以内に死刑に処されるとしたら、つまり、二時間後に銃殺刑執行隊の前に引き出されることになったとしたら、最初の一時間は居眠りをして、次の一時間で刑に服するのでしょうね』。おそらくその通りです。もし最初の一時間に何もできなければ、居眠りしても良いはずです」

常に適切であること――それは事務所でも道路でも、どこにいようとも、生活の中で真のバランスを取ることだ。フォード・ファイナンシャルのジョン・ロビンソンが言うように、「仕事外の活動への関与の仕方はいろいろある。仕事外の活動に関わりを持つようになるときというのはいつでも、それでバランスを取っているのだ。教会に携わることであろうと、市民活動に携わることであろうと、学校に関することであろうと。わたしはただ極端なことを避けようとしているのだと思うね」

シンガーソングライターのニール・セダカには、ブルックリン育ちの二人の親しい友人の若い夫婦がいた。彼らは将来に大きな野心を持っていたが、楽しむのも好きだった。何年かたって、この二人は仕事のうえでも経済的にも大成功を収めたが、それとともに何かを失った。それはかつては知っていた、生活におけるバランスだった。セダカは友人たちについて一つの歌を書いたが、それが大ヒットした。その歌は「ザ・ハングリー・イヤーズ（飢えた日々）」だった。

「彼らはトップに立つために必死だった。成功と金だ。しかしそれを手に入れたとたん、駆け出しの時代、たむろしていた場所や二人で苦労して築き上げていた頃が懐しいということを発見したのだ」

「それはちょうど『わたしはあの五〇〇万ドルの家がほしい』みたいなものだ。それをやっと手に入れて、実際そこに越してきて、それから何か月かたつと、言うのだ。『これだけか？　これがそれか？』。いっしょに苦労した、その時代はもう戻らない。人生の楽しみとバランスは失ってしまった」。物質的に成功することが別に悪いわけではない。しかしそれだけでは幸福な人生を維持するのに十分ではない。

どんなふうにしたら、生活のバランスを取ることを始められるか？　その第一歩は考え方を変えることだ。家族とか運動とかレジャーのための時間を、時間の浪費だと考えることをやめるのだ。それをうまく成功させた人たちでさえ、レジャーの時間を弁解しなければならないと感じることがある。そういう考えを追っ払うことだ。リラックスするとは悪いことばではない。

このことから次の段階へと進むべきである。それはレジャー活動のために時間をつくることだ。だいたい、われわれは仕事に入れ込みすぎている。優先順位の見直しをすべきときなのだ。レジャータイムの計画を立てるのに、労働日の計画を立てるときと同じくらいのエネルギーを使うことを決心しなければならない。

第三の段階は実行である。何かをすること。仕事に関係のない活動に関わること。そうしたらあなたはもっと幸福になり、健康になり、集中力が増し、結果として、よりよいリーダーになるだろう。

継続的な好成績は、
仕事とレジャーとのバランスから生まれる。

14

積極的な態度を養う

かつてわたしはあるラジオ番組で、「わたしがいままでに学んだ最大の教訓」を、たった三行の短いことばで答えるようにと求められたことがあった。それは簡単だった。「わたしがいままでに学んだ最大の教訓は、何を考えるかということの驚くべき重要性である。もしあなたが何を考えているかがわかれば、あなたがどういう人か、わかるだろう。なぜならあなたが考えていることが、いまのあなたをつくっているのだから。考え方を変えると、人生を変えることができる」

いまやわたしたちが取り組むべき最大の課題は、いやむしろ、唯一の課題と言うべきだが——正しい考え方を選ぶことにあると、わたしは何らためらうことなく断言する。もしこれができたら、われわれは自ずからあらゆる問題の解決が可能になろう。ローマ帝国の支配者であった偉大な哲学者、マルクス・アウレリウスはこれを簡単なことばで——とはいえ、あなたの運命を決定することばだが——要約している。「われわれの人生とは、われわれの思考がつくり上げるものに他ならない」

そうなのだ。愉快な考え方をすれば愉快になる。惨めなことを考えたら惨めになるだろう。恐ろしいことを考えれば恐ろしくなる。病的なことを考えれば、多分病気になるだろう。失敗すると思えば、きっと失敗する。自分のことばかり憐れんでいたら、誰からも敬遠され、寄りつかれなくなるだろう。

わたしの言い方は、万事につけて底抜けの楽天家になれと唱えているように見えるだろうか？　とんでもない。不幸にして、人生はそんなに単純なものではない。しかしわたしが主張したいのは――断固として主張したいのは――われわれは消極的な態度ではなく、積極的な態度を身につけようということだ。

デール・カーネギー

デニス・ポトビンはマディソン・スクウェア・ガーデンで一番の憎まれ者だった。彼がその夜、氷上で滑った瞬間から、ニューヨーク・アイランダーズのキャプテンはブーイングの嵐に見舞われたが、彼が見舞われたのはブーイングではなかった。

マディソン・スクウェア・ガーデンは、アイランダーズの古くからのライバル、ニューヨーク・レンジャーズのホーム・アリーナだった。ポトビンの氷上での実力、はっきりした性格、花火のような派手なスケーティング・スタイルのために、彼はレンジャーズのファンにとって一番の敵役になったのである。

「わたしのチームの仲間が、どうしたらいいかわからなかったほど険悪になった」とポトビンは思い出す。「更衣室から出ていく前に、チームの仲間の何人かはこう言ったものだ。『よし、今夜はあいつらをこっぴどくやっつけてやろう』。観客が何か叫びはじめた。それから彼らはちょっとだけ静かになった。きみたちはこれからの二時間半の間、館内で一番の憎まれ役になった人たちは、一体何をしたらよいと思うだろうか？」ポトビンの同僚のアイランダーズの選手はほとんど何も言わなかった。

「ある夜のこと、わたしはゲーム開始直前で、ブルーのラインを上に立っていた。当時は国歌を演奏する間、照明を落とす習慣だった。歌手が一人出てきて、歌手と国旗にスポットライトが当てられる」。ところがマディソン・スクウェア・ガーデンでは、ホッケーゲームが始まる前にはそれをしない。理由はその夜にあった。

「さてその晩、そこに立って、いつものようにヘルメットを脱いだ。するとファンたちが物を投げはじめた。何かが耳の傍をかすめる音が聞こえた。わたしの身体を戦慄が走った。何だかわからないが、怖かった。ほんとうに怖かった。照明がついたとき、わたしは滑りながら見た。それは九ボルトのバッテリーだった。あの大きい丸いやつだ。どこか上の方から投げつけたのだ」。ポトビンの頭に当てることは容易だっただろう。

その瞬間、このホッケーの巨人はあることを決心した。彼は場内に満ちた敵意に降参することもできたはずだった。文字通り何千人もの人間が、彼へ憎悪をわめきつづけていたのだ。恐怖と怒りに駆られて、氷上から立ち去ることもできたし、この怒り狂った、多分に危険な群衆の前で演技することもできた。

ポトビンは演技することを選んだ。彼は敵意に満ちたアリーナに踏み止まり、彼らの卑劣な脅迫を、彼自身への挑戦と受け取ることにした。否定的なエネルギーのすべてを糧にして、それを信じがたいほどの積極的な力の源として活用した。これはすべてポトビンの心の中でなし遂げたことなのだ。

「まるでわたしに対する祝福のようなものでした」と、彼はその敵意に満ちた夜を思い出しながら言う。「その夜、スクウェア・ガーデンでは、とても調子よく演技することができました。それ以来、いつでもスクウェア・ガーデンでは調子がいいのです。信じられないほど燃えました。彼らに答えてやる唯一の方法は、そこで勝つことでしたから」

「わたしがパックを持つとブーイングです。パックをネットに入れるとブーイングです。誰か選手にぶつかるとブーイングです。そのうちにわたしはそれが面白くなりました。事実そうでした。突然わたしは、より大きなものになったのです。全国のナショナル・ホッケー・リーグの中で、マディソン・スクウェア・ガーデンだけは、そこに入った瞬間、やる気まんまんの心構えができているんです」

「あちらに巨人ゴリアテがいて、こっちは氷の真ん中に座っている小さなダビデという恰好でした。でもわたしは、その建物の中にいる誰よりも冷静でした。その冷静さを試すつもりでした。ガーデンではいつも精一杯演技する心構えになっていた」

精神的な心構え。頭の中で考えていることの力。現実を、たった一つの単独の思考によって、劇的に変える方法。

ちょっと信じがたいように聞こえるかもしれない。「愉快な考え方をすれば愉快になるだろう。成功すると考えれば成功するだろう」。あるいはマディソン・スクウェア・ガーデンの氷に因んで言えば、「巨大な敵意の壁を、積極的な力の源に変えよ」。デール・カーネギーとデニス・ポトビンは、二人ともに途方もないことを言っているのだろうか？　とんでもない。彼らは二人とも心構えの力を知っていたのだ。昔の表現は間違っていた。きみが何であるかを決めるのは、きみが何を食べているかということではない。**きみはきみが考えているところのものなのだ。**

多くの人が通常信じたがっているのとは逆に、普通は、外的な影響が個人の幸福を決定するのではない。問題は、その影響に良かれ悪しかれ、どう反応するかということである。

マーシャル・コーガンとモーリーン・コーガンは収入の面でも仕事の面でも、大きな成功を収めた。彼はニューヨーク市の大きな証券引受会社の共同経営者であり、彼女は出版界で売り出し中の新人スターで、『アート&オークション』誌の編集長になるところだった。三人の子どもはいずれも私立学校に通って、良い成績をおさめていた。コーガン家は市内に共同出資のきれいなアパートを持っており、イースト・ハンプトンに夏の別荘を建てたところだった。それは海岸の現代風な建物で、文字通り世界中から、人びとがこの珍しい建物を見にやって来た。その家は、建築の上でもデザインの上でも、いくつかの賞を受賞した。そして全国誌に一度ならず取り上げられた。コーガン家の子どもたちは、その家のことを両親に劣らず気に入っていた。

そんなとき災難が襲った。マーシャルは投資会社に次第に退屈し、自分で会社を興すことを決めた。彼自身の強い期待や、同僚や友人たちの激励はあったものの、彼の新事業は実際には展開しなかった。彼のタイミングは悲惨なものになった——まさに景気後退の開始時期にぶつかったのである。ほとんど一夜にして、貯蓄のすべてを注ぎ込んだ事業は無価値になり、期待していた収入は霧散してしまった。この不運は、最後の一撃が加わって頂点に達した。ビジネスを持ち直そうとした彼の懸命な努力の一番肝心な瞬間に、マーシャルはウィルス性肝炎に倒れ、一か月以上もの間、ベッドから離れられない状態となった。

マーシャルの取引銀行は個人的には大いに同情を示したが、要求は一インチたりとも譲歩しようとしなかった。「あの新しい家を売ればいいでしょう」。彼はこんな考えに耐えられなかった。それを妻に伝えることは辛かった。彼は妻や子どもたちが、どんな反応を示すか予測できなかったのである。

しかし彼は、悩む必要などなかった。「じゃあ、家を売りましょうよ。それだけのことだわ」とモーリーンは言ったのだ。

そこでコーガン家は、家具をすっかり付けたままで、家を売りに出した。彼らはただ、衣類を鞄に詰め、子どもの玩具を集め、灯を消し、ドアをロックしさえすればよかった。

「ねえ、子どもたちを家から連れて出なければならないわ」と、モーリーンは新しい家の持ち主が到着することになっている日の前日、マーシャルに言った。「子どもたちめいめいに大きなゴミ袋を持たせて、おもちゃを入れさせ、全部市内に運びましょう」

マーシャルはそのことについて、それほど確信がなかった。「子どもたちにそんなところを見せたくない」と彼は言った。「子どもたちを巻き添えにしたくないんだ。きみと僕とでやろう」

「ダメよ」とモーリーンは彼に言った。「あの子たちも来るのよ。あの子たちも、何が起こるのか見ないといけないわ。あの子たちにはきっとわかるわ。だって、そのうちにあなたがカムバックするのを見るんだから。そしていつか、同じことがあの子たちの身の上に起こっても、やはりカムバックできるのだということが、わかるでしょう?」

二人の意見は一致した。家族全員が車に乗り、イースト・ハンプトンにやって来た。子どもたちはめいめいの部屋の掃除をし、親たちは衣類や若干の個人的な細々したものを集めた。立ち去るときが来た。彼らは全員、玄関の階段のところにしばらく佇んでいたが、やがてマーシャルがドアに鍵をかけた。

それから五人はまた車に乗って、市内に着いた。モーリーンはそのとき、穏やかにマーシャルに言った。「わたしたちはこのことを長い眼で見ることにしましょう。もうわたしたちはカリブ海やイースト・ハンプトンの家に行くこともないわ。でもやっていけるわ」

それから彼女は、子どもたちにも同じ調子で語った。「わたしたちに家はなくなったけれど、素敵なアパートがあるわ。わたしたちみないっしょだし、パパは元気になったし、新しい事業も始めるの。全部うまくいくわ」

その通りだった。子どもたちは学校を変わらなくてもよかったし、彼らはその年、サマーキャンプにさえ行った。間もなくマーシャルは事業に復帰し、順調に行くようになった。何にもまして重要なことは、ある教訓を学んだこと――二〇年後にふたたび役に立った、一つの教訓を学んだことだった。

モーリーンは解説する。「上の息子が失敗したんです。彼は、わたしたちが破産を避けるために閉めなければならなかった事業を始めたのです。それは彼にとっては、手酷い、人目にさらされた失敗でしたし、まだ二五歳という若さでした。わたしは覚えているけれど、『どうするつもりなの?』と言うと、あの子は『とてもひどい状態だよ。だけど、店を閉めるまでにまだ何か月かある』と言いました。彼は破産宣告を受けようとしませんでした。彼は借金を返して事業を閉め、そして終わりにしたかったのです」

「そのとき、彼は言いました。『だけど僕はお父さんのときのことを覚えている。うまくやれるさ。切り抜けられると思う。僕は見ていたし、覚えているから』」

それでは、こんなものの見方をどんなふうにして開発するのだろうか? 反発を、どのようにして、外へ向かうエネルギーに変えるのだろうか?

それには意識的に優先順位をつけることだ。毎日そのことを考えるのだ。「朝、ベッドから足を下ろしたとき、考え方の順序をどうコントロールするかで、その日が良い日になるか、悪い日になるかが決まる。その日生きていることを楽しく思うか、そうでないか、どちらかだ」と言うのは、ウースター・ブラシの社長、スタンリー・R・ウェルトリー・ジュニアである。

「外部の力に対する当然払うべき関心をもって、われわれは毎日生活とビジネスとに向き合っている。たとえフラストレーションがあっても、どんな一日になるかの大部分を決定するのは、きみ自身だ。だから自分の置かれている状況を笑いとばすんだ。もしそうしなければならないなら、両手を挙げて、笑わなければ仕方がないようなときがあるものだ」

ユーモアは生命の源だ。この単純な要素が全体像を見失わせないでくれることを、忘れてはいけない。「長い眼で考えることだ」と彼は助言する。「ものごとがうまく行かないように思えるときは、リラックスして、ひと休みだ。何がどうなっているかを見きわめて、それへの対応を考えよう。一〇メートル後ろに退れ、と言うのだ。そして次のプレイでどう出るかを考えるのだ」

いらいらしたり、悩んだり、嫌気を起こしたりすることは何百とある。しかしそうなってはいけない。そんなちっぽけなことで、自分自身をがっかりさせてはならない。

「高速道路で強引に前に入ってきたとき、することは二つしかない」と、『サン・ディエゴ・ビジネス・ジャーナル』の発行者、テッド・オーエンは言う。彼は多くの南カリフォルニア人がそうであるように、恐ろしく長い時間をハンドルを握って過ごしている。「他のドライバーに毒づいて、変なジェスチャーをして見せるか、それとも肩をすぼめてこう言うかだ。『衝突してがらくたの山の中に捨てられるのに、どのくらいかかるだろう？　奴さんは、あんな無茶な運転の仕方で事務所にたどりつくこともできないね』」

「どちらを考えても、事務所に着く時間に関して影響力はないが、こんな些細なイライラは、肩をすぼめてやり過ごす方が、きみの気持ちを楽しく、生産的にするだろう。寿命も二、三年延びるかもしれない」

オーエンの、人生に対するこの成り行き任せの姿勢は、生まれつきというわけではない。彼もよくある極度の緊張型の性格だったが、何年かのうちに、それがいかに自己を破壊するかを認識するようになった。彼が『ビジネス・ジャーナル』をやってみるよう求められたとき、彼はしょっちゅう他の経営者たちの行動についてコメントしていたものだったが、そこで彼は、自分の問題をまず解決する方がよいと決心したのである。

「われわれの多くは刺激に対して敏感で、オーバーに反応しすぎる傾向があります」と彼は観察する。「この仕事を始めて以来、仕事の上ではけっして腹を立てたことはありません。他のところでは怒ったこともありますが。ここでは怒ったことはないんです」。人びとの反応は、以前とはまったく違ったものになった。

何年もの苦闘ののち、メアリ・ケイ・アッシュにとって事態はようやく良くなってきていた。彼女は再婚した。子どもたちはみな成人した。彼女と新しい夫とは、小さな化粧品会社を興すという、彼女が何年も温めてきた夢を実現するに足るだけの金を貯えていた。

そのとき、彼女の夢はもう少しで崩れそうになった。「わたしたちがこの会社を始めようとしていた前日、夫が朝食中に心臓発作を起こして亡くなりました。夫は会社の経営を統括することになっていました。わたしは経営のことなど何も知りません、いまでも。一ペニーに至るまで任せていました。貯金が五〇〇〇ドルしかありません。わずかな金額と思えるでしょうが、おそらくいまなら五万ドルくらいの値打ちはあったでしょう」

「葬儀の日にもぐずぐずしている暇はありませんでした。息子と娘とわたしは、どうしたらいいかを決めなければなりません。中止するか、続けるか？　わたしの夢は全部地面に崩れ落ちるところでした」

しかしメアリ・ケイ・アッシュは、自分をしっかり信じていたので諦めることができなかった。息子のリチャードはちょうど二〇歳だったが、自分ができることをしようと申し出た。「母さん、僕はダラスへ行って母さんを手伝うよ」

彼女は信じられなかった。「わたしは考えました。『大したものね』。だけどどうして一生の貯金を二〇歳そこそこの子どもに任せられます？　多分、わたしの持ち上げられない箱を持ち上げることくらいはできるだろうと思いました。だけど注文書一つ書ききれるかどうか、わかりませんでした。つまりわたしは、彼のことを、まだ食べさせてやらなければならない子どもだと思っていたんです」

しかしアッシュは、そんな迷いに敗けるような人間ではなかった。そこで彼女は計画を進行させた。「会社のはじめ頃はそんなふうでした。リチャードは言った通り、その翌日、二か月前に結婚したばかりの可愛いお嫁さんといっしょに、ダラスへ来ました。弁護士たちは言いました。『なぜ真っ直ぐにごみ箱へお金を捨てないんです？ どっちみちそれで儲けることはないのに』。それにワシントンからのパンフレットによれば、たくさんの化粧品会社が毎日破産しているということでした」

前向きの姿勢が、彼女を成功させた。彼女は自分にこう言い聞かせつづけた。「お客は自分たちが作りたいと思うものを支えてくれるわ。わたしはできると思っているし、やってみるわ」。このような姿勢があったとすれば、アッシュの成功に何の不思議があるだろうか？

こういう積極的で、自信に満ちた感情は、単にあなたがより以上のものをやり遂げる助けとなるだけではない。それはまた他の人びとに、あなたといっしょにやりたいと思わせることになるのである。われわれはすべて、他人の態度に反応する。だから人間は、人生に対して快活な態度を取っている人びとにひきつけられる。われわれは愉快で生産的な人びと、できるよ、大した問題はないではないかと言う友人や同僚に囲まれていたいと思うのである。いつも不平を言う人は、どんなに大勢の人がいても多くの仲間はつくれないのだ、ということも予想できるのである。

どうしてそうなのだろうか？ 態度というものが、良くも悪しくも何らかの影響を他人に与えるのだ。このことは今日リーダーとして成功しようと志す人びとが、記憶しておくべき重要な考え方である。積極的な態度以上に力を発揮するものはほとんどない。

従業員の大部分が満足していない会社を知っている。どうしてそんなふうになったのだろう？ だんだんに一時期に一人ずつ。リーダーは、否定的な感情と態度とを絶えず積極的な感情と態度とに換えることで、その蔓延と戦わなければならない。

コーニング社の品質管理責任者、デビッド・ルーサーは積極的な要素に注目して、否定的な要素を無視する重要性を、デトロイトの優秀な組合指導者から学んだ。彼はリンカーンとサンダーバードをつくる自動車工場の労働者の代表だった。

「巨大な建物で、そこの品質はきわめて優秀だった」とルーサーは言う。この男は立ち上がって言った。『一〇パーセントのノーという人たちの代わりに、九〇パーセントのイエスという人たちのことを考え始めてから、態度が変わりました』。これは非常に示唆に富む発言だった。というのは、労働協議の多くは、いつでも反抗的な一〇パーセントのまわりでぐるぐるまわっている。いつも『よし、やつらの考えを変えさせよう』と言っている。組合の代表はよくわかっていた。『それはよくないやり方だ。前向きに進めようと思っている九〇パーセントと仕事をするつもりだ』と彼は言った。それは、非常に先見の明のあるやり方だった」

ルーサーは、この哲学をコーニング社で発展させた。「いつかはわたしはこの何人かの異分子を説得して、イエスと言わせることができるだろう。しかし九〇パーセントはもうともに来るつもりでいる。彼らはパワー・ドアを開け放して、外に座っている。彼らは待っている。モーターは動き始めている。ほとんどの人が船に乗る準備を整えて外で待っているのに、わたしは最後の一部の連中を説得するためにここに閉じ込められていることはないだろう」

そこでリーダーの最も重要な仕事の一つは、積極的で自信のある気風をつくり、他人に対しては失敗することは可能性としてもあり得ないという態度をつくり出すことである。

ジュリアス・シーザーがゴールから海峡を渡って現在イングランドと呼ばれている土地に軍団とともに上陸したとき、彼の軍隊の成功を確実にするために何をしたか？　とても利口なことだ。彼は兵士たちをドーバー海峡に突き出た崖の上に立たせた。六〇メートル下の波を見下ろすと、海峡を越えて彼らを乗せてきた船の一つひとつが、完全に炎に包まれているのを見たのだった。兵士たちは敵地に取り残されてしまった。大陸との最後の絆は完全に絶たれてしまった。彼らの退去の最後の手段は煙と消えた。それでは前進以外に何ができよう？　征服以外に何ができよう？　心の中に埋め込まれている、力の限りを使って戦う以外に何ができよう？

彼らのやったことはまさしくそれだった。

積極的な態度というものは、このような、兵士たちの気持ちが絶望に満たされている、生死を賭けた戦いにおいてのみ重要なのではない。それはまた、幸福な人生や華々しいキャリアを築き上げる秘訣でもある。それこそまさにリーダーシップの基礎である。

そう信じているのは、少なくともヒュー・ダウンズである。「実際、人を不親切に扱う必要はない」とABCテレビのベテラン・キャスターであり、番組司会者であるダウンズは言う。ダウンズはテレビで仕事をしたことのある男で、攻撃的かつ出世欲に凝り固まった超野心家のテレビマンのことを思い出している。「彼はほとんど病的でした。彼は他人を利用して上に登りたがりました。しかもわたしに言わせれば、『ドアを蹴開ける』ような男でした」

この男は最初のうち少しは昇進した。しかし彼の脇目もふらないで上に昇ろうとして、彼が意地悪をした人びと、罵倒した人びと、バカにした人びとは、それらを忘れなかった。彼らは一人残らず彼に対して恨みの感情を持ちつづけていた。誰でも時々やることだが、彼がよろめくと、彼らはただちょっと身体を脇にずらして、彼が転落するに任せた。

「わたしは一度だってチャンスの扉を蹴って開けたことはありません」とダウンズは言う。それでは彼はどうやってそんなに上まで行けたのか？　攻撃的な野心の代わりに、彼は忍耐と鋭い関心を持ちつづけた。「敏感でなくてはいけません。そうすれば、もしドアが開いたら、そこに突進できます。ドアを蹴り開けたら、また跳ね返ってきて、顔にぶつかるものです。わたしがいま言っている男にも、こういうことが二、三度起こりました。わたしはあなたはそんなことはしないと信じています。しかし機会があれば何であろうと利用するためには、注意深くなければなりません」

長い人生のあいだに、ダウンズのやり方は、彼に十分引き合う以上のことをしただけでなく、ともに働いている人びとが、彼を応援してくれるようになった。「わたしが一番大切にしているのは、トム・マーフィーがくれたものです」。マーフィーはキャピタル・シティーズ・ABCテレビの会長だった。「いつのことだったのか覚えていませんが、多分わたしの放送生活五〇年記念だったでしょう。彼はこういうことばが彫られた時計を、わたしにくれました。それはものすごいお世辞のように聞こえるんですが、ともかく『親切な人はビリにならない』というんです」

「わたしはみながここでこんなふうに言ってくれるのをありがたいと思いました。その気持ちはほんとうです。それから、成功者であるためには、この世界に礼儀正しいアプローチをしていてはダメだと思っている人たちのことを、気の毒に思います。そのようなやり方で成功できるとしても、それはたいてい一時的なものです。そして結局とても痛ましい結果をもたらし、途中でものすごく大勢の人を敵にまわすことになります」

昇進を楽しむこともないのである。

積極的な人から力を得よ。
否定的な人によって潰されるな。

15

悩まない方法を学ぶ

何年も前のある晩、近所の人が家のベルを押して、わたしや家族の者に天然痘の予防注射を受けに行くよう勧めてくれたことがあった。彼はボランティアとして、ニューヨーク市内の家々のベルを鳴らしてまわった数千人のうちの一人にすぎない。あわてふためいた人びとは、注射を受けにどっと押しかけ、数時間も行列の中に立ち尽くした。接種場所は、すべての病院だけでなく、消防署、警察署、大きな工場にも設けられた。二〇〇〇人以上の医者と看護婦が昼夜を分かたず奮闘して、注射に押しかけた群衆をさばいた。ニューヨーク市内で八人の天然痘患者が出て、二人が死亡したのだ。約八〇〇万人中の死者二名である。

さて、わたしはもうずっと長くニューヨークに住んでいるが、いまだかつて、悩みという心の病——わたしの住んでいる間に天然痘の一万倍もの損失をもたらした病気——について、ベルを押して警告してくれた人はいなかった。

いま合衆国に住んでいる人の一〇人に一人は神経衰弱に罹るだろう——その原因はほとんどの場合、悩みや感情の葛藤にある——と、ベルを押してわたしに警告してくれた人は誰もいない。だからわたしとしてはこの章を書いて、あなたの家のベルを押し、警告をしたいと思う。

どうかアレクシス・カレル博士のことばを心に留めていただきたい。

「悩みに打ち克つ方法を知らない人は若死にする」

デール・カーネギー

デール・カーネギーがこれを書いた後、われわれは人間を悩ます病気の多くの扱い方を——防ぎ方さえ——学んできた。そのうちにきっと、今日われわれを悩ましている病気の多くを治療することができるようになるだろう。しかし悩みという病気の根絶に関しては、ほとんど何の進歩もしていないように思われる。その被害はさらに悪化の一途をたどっている。

これが一番よく当てはまるのは、今日の不安定なビジネスの世界である。解雇、会社の乗っ取り、企業のリストラ、企業規模の縮小、生産削減、そして突然の退職勧告、人員削減、再就職斡旋、経費の切り詰め、いつの日か、こういう婉曲な表現をそのまま保存するためには新しい辞書が一冊必要になるだろう。そして潰瘍の一つ二つをつくるほどではないにしても、「経費の切り詰め」ということばは、どんなふうに聞こえるだろうか。あるいは「敵対的乗っ取り」は？

かつてはアメリカ杉のように強固だと思われていた企業が、根こそぎ揺さぶられている。その他にも、ビジネス史上有名な数多くの会社が、切り倒され、運び去られた。中間管理職層はすっかり蒸発させられた。そのことを悩まない中間管理職がいるだろうか？　企業は蛇が鱗を脱ぐように、部課を削減している。そのことに心配をしない部課長がいるだろうか？　新しいタイプの会社乗っ取り屋が、特別な利潤を挙げている企業を貪欲に狙っている。いままで終身雇用にのうのうとしていて、神経の痛みを感じない幹部が、一体いるだろうか？

たしかに変化は必要であった。なかには遅きに失するものもあった。はっきりしていることは次のことである。身軽でもなく競争力もない企業、創造力と柔軟性のない企業、競争相手より速く対応できない企業――これらはすべて今日の恐竜とも言うべきである。彼らの将来はすばらしいように見えるかもしれない。

しかし変化は、不安を起こさせる。変化はストレスの原因となる。人びとを神経質にする。心配の念を抱かせる。もちろん、その通りだ。かつて不動であると考えられていた確信は――人びとが自分の職業生活を基盤に築き上げていた確信は――けっしてそれほど不動のものではないということがわかるようになった。多少不安になっても当然というものだ。

かつてマービン・フローゲル博士の精神医学研究所を訪れた患者の多くは、家庭問題――配偶者への怒りとか、子どもへの失望とか、自分の育てられ方についての恨みなど――を話したがるのが常だった。明らかに人びとは、こういう問題が心配事ではある。しかし今日ではフローゲルの患者のなかでも、さらに多くの人びとが仕事上の悩みに苦しんでいる。

「仕事を失うのではないかと恐れているのです」とニューヨーク市のグレート・ネックで開業しているフローゲル博士は言う。「これはいままでに見たことのない現象です。ドアを入ってくる人たちは、文字通り、仕事で何が起こるかとおののいているのです」

「誰か一人が振り落とされたとしましょう。そうするとみな、またもう片側の靴が落とされるのを待っているのです。それも一足に相当する二人だけじゃありません。一〇足に相当する二〇人です。首になっています。その上に早期退職制度です。解雇です。明日も仕事があるかどうか、誰にもわかりません」

「IBMをご覧なさい」と『ブラック・エンタープライズ』誌の編集者、アール・グレイブズは言う。近年、かつては不敗を誇ったこの巨大コンピュータ企業が、大削減を経験したというのは、業界の首位の座をめぐり、アメリカや海外の小規模企業の挑戦を受けたからである。

「IBMが復活しないというわけではない。しかし本社のあるパキプシーでも解雇を行っているということは、IBMはもう前と同じ会社だとは言えないのである。大混乱だ。それこそ『きみの幸福はどこで見つけられるのか?』と言わなくてはならないときだ。IBMを辞める人は、これで人生はまだ終わっていないということに気づく。翼が切り取られたと思うかもしれないが、まだ飛べることがわかる。IBMを辞めるときには、もう巣から飛び出せないと思うだろうが、しかしまだ飛べるのだ」

デール・カーネギーがはじめて悩みの問題に注意を向けたとき、世界はまだ大恐慌の最中だった。彼は、自分の受講生や友人たちの表情に刻まれた悩みのしわを見ることができた。

「年がたつうちに」と、カーネギーは書いている。「悩みは成人が直面しなければならない最大の問題であることがわかってきた。わたしの受講生の大部分はビジネスマンで、上級幹部もいれば、セールスマン、エンジニア、会計士など、あらゆる業種や職業の断面図のようなものだった。彼らはたいてい問題を抱えていた。女性もいた。ＯＬや専業主婦だったが、彼女らも同じだった。わたしに必要なのは明らかに、悩みをどう克服するかという教科書だった。だからわたしは、それを見つけようと思った。

「ニューヨークの五番街四二丁目にある大きな公立図書館に行ったところ、驚いたことに、そこには『悩み』という項目に登録されている蔵書は、わずか二二冊しかなかった。面白いことに、『回虫』という項目には、一八九冊のリストが挙がっていることがわかった。回虫についての蔵書が、悩みについてのそれのほとんど九倍だとは！　これには驚いた」

「悩みは人間の直面する最大の問題の一つなのだから、全国どこの高校や大学でも、悩みの解消法について教えているだろうと、誰でも考えるだろう？　ところが、いまだかつて、全国のどこの大学でも、そんなカリキュラムが設けられたとは聞いたことがない」

カーネギーは七年間、悩みについて読んだり学んだりした。当時のあらゆる指導的な人びとにインタビューを重ねた。彼は手に入れられる限りの悩みの本を読破したが、その大部分はわかりにくい精神医学論文であるか、あるいは何らかの理由で実習のガイドとしては不適当なものであった。しかしカーネギーは、読書や研究以上のことをやった。彼は彼のいわゆる「悩みを克服するための実験室」――彼がほとんど毎晩教えていた成人学級――に準拠したのである。

この研究を通じて、悩みとストレスに関する一冊の本ができあがった。すなわち、一九四四年に発行された『道は開ける』である。この本には、初版から、悩みを克服するための基本的なテクニックが、率直にわかりやすく述べられていた。これらのテクニックはそれ以後、悩みの新しい原因が現れるたびに、時代に適合するように何度も改訂されている。

このテクニックを学ぼう。毎日これを応用しよう。多分これによって人生をコントロールする力ははるかに大きくなり、ストレスを感じる度合いは少なくなるだろう。その結果として、精神的にも肉体的にもずっと健康になるだろう。

今日一日の枠の中で生きよ

カリフォルニア州、サンディエゴのチェース・マンハッタン・フィナンシャル・サービスでは、事業は沈滞していた。貸付部門はすでに九〇〇万ドル予算に未達であった。この部署で働いている人は次第に互いにいらいらし始めた。貸付部門の責任者、ベッキー・コノリーは悩みのあまり、夜はほとんど眠れなかった。

そこで彼女は、一日の枠の中で生活してみようと決心した。「みなさん！ 聞いてください」と、彼女は同僚に言った。「この仕事はいつも周期的に上下するのです。貸付にはいつも波があります。

だから毎日の決まりきった仕事とか顧客からの電話にだけ気持ちを集中して、広告に対するサービスと受け応えをしっかりやりましょう。そうしたら、この不景気を切り抜けられると思います」。その結果はどうだったただろうか？　従業員は快活になり、生産性も上がり、やがて貸付事業も上向きになった。

どれほど多くのエネルギーが、未来と過去のことで浪費されているかを考えると、まったく驚くほどである。過去は過ぎ去り、未来はまだ来ていない。いかに努力しようとも、われわれは過去に対しても未来に対しても、どうすることもできないのである。われわれが生きることができるのは、たった一つの時間しかない。それは現在であり、それが今日なのである。

デール・カーネギーは書いている。「あなたもわたしも、この一瞬に永遠不滅な二つのときが出会う場所に立っている。無限の彼方から続いている膨大な過去と、一刻一刻と刻まれる最後のときから永遠に続く未来との境目だ。多分われわれは、この永遠不滅のときのどちらで生きることも許されない――たとえほんの一瞬たりとも。その不可能なことをしようと思えば、肉体も精神もともに破滅するだけだ。だから自分が多分生きることが許されている時間に生きるだけで、満足しようではないか。すなわち、いまから就寝までという時間を」

このことばを憶えておいてほしい。過去のことを、あまり気に病むのはやめよう。未来において起こるか、または起こらないもしれないことについて不安になって、身動きできないようにならないでほしい。その代わりに、何か血となり肉となることができる唯一の場所、今日という現実の生活に関心を向けよう。

だからよろよろのたれまわったり、びくびくするのは止めよう。そうだ。明日について考え、昨日から学ぶことは大事だ。先を見通して計画をつくり、過去の経験の上に立って改善することを心がけたまえ。しかしその間にも、未来と過去とは誰にも変えられないものだということを忘れてはいけない。

シンガーソングライターのニール・セダカは、この自明の理を母親から学んだ。「彼女はよく言っていたものだ。『一日一日を贈り物だと思いなさい。良いことも悪いことも包み込んで、だけど良いことの方に、より眼を向けて過ごしなさい』と」

簡単なことだって？　「いやいや、いつも苦闘ですよ。けれども、やれると思います。われわれは、みな問題を抱えています。毎日の中で、それはわれわれを苦しめます。それを押し除けなさい。そうしなければなりません」。現在という枠組の中で働くのだ。エネルギーを注意を実行力を、それを費やす値打ちのある場所で働かせるのだ。つまり今日という日の中で。

そして仕事にかかれ。そうすれば一日という枠の中で、どれほど多くのことが仕上げられるか知って、きっとびっくりするだろう。

スコットランドの詩人、ロバート・ルイス・スティーブンソンが言っていたように、「自分の荷物がどんなに重くても、日暮れまでなら誰でも運ぶことができる。自分の仕事がどんなに辛くても、一日だけなら誰でもできる。太陽が沈むまでなら、誰でも快活に辛抱強く愛想よく、純粋に生きられる。そしてこれこそが、人生そのものなのだ」

平均値の法則から安心を得よう

テオ・ベルガワーは、何か具合が悪いことを即座に見て取ることができた。ベルガワーはドイツの北バイエルン最大の建設業者、カール・ベルガワー有限会社の総務部長である。長年彼に付いていた秘書が泣き出しそうだった。

「どうしたのです?」と、ベルガワーはその女性に聞いた。彼女は、自分の息子が最近ドイツ陸軍に入隊したのですと言った。「その部隊というのが、最初に外国支援に行く軍隊なのです」。ちょうどそのとき、ユーゴスラビア紛争が始まろうとしていた。彼女は息子が死戦に送られようとしているという悩みで、病気になっていた。

ベルガワーはどう言ったらいいか、まったくわからなかった。しかし、しばらく確率ということを考えた。

「ドイツ軍のうちで、彼女の息子の部隊がユーゴスラビア行きの命令を受ける確率はどのくらいか?」

百のうち一つくらいだと、彼らは判断した。

そこである約束をした。ベルガワーの説明によれば、「この一パーセントが実現するとしたら、彼女は少しは悩むことにしよう。しかしそのときが来るまでは、彼女は悩む必要などまったくない」

自分自身に一つの質問をしてみることで――そしてその答えに注意を払うことで――人生から悩みの塊を追い払うことができる。その質問とはこうだ――「とにかく、このことが起こる確率はどのくらいだろう？」

多くの人は、絶対に起こりそうにないことについて悩む時間があまりに多いのである。実際には、多くの人が悩むようなことは、起こらないのである。これは記憶しておいてよいことだ。フランスの哲学者、モンテーニュは書いている。「わたしの一生は恐ろしい不幸で満ちていた。もっともその大部分は全然起こらなかったのだが」

役に立つ一つのやり方は、最も悩んでいることについて確率の立場から見ることである。それは、ビジネス書の著者、ハーベイ・マッケイが彼の生涯の大部分を通じてやったことだった。「事実を知り、それに可能性を照らし合わせてみると、正しい観点からその状況を判断することができる」

飛行機が墜落する確率。多分一〇万回に一度くらいだ。今年中に首になる確率。多分、五〇〇分の一か一〇〇〇分の一だ。実際はそれよりさらに低いであろう。机でコーヒーカップをひっくり返す確率。よろしい、多分一〇〇分の一としても、誰が一体本気で気に病んでいるだろう？

「もし誰かが道路の向こう側で同じ商売を始めたら、たしかに心配ではあろう」とマッケイは言う。しかしちょっと考えてみよう。彼らが設備を整えるには三年はかかる。こちらはここでもう三二年間も商売している。豊富な経験とノウハウ、お得意様との信頼関係、そういうものが全部、われわれにはある。とすれば、彼らがほんとうにわれわれの業積に食い込むということは、どうして考えられよう？　構わずに放っておこう。確率をかけてみるのだ」。多分、最初に心配したほどのことはないはずだ。

「この予測はどんなことにでも応用できる」とマッケイは指摘している。「誰々が事業を閉鎖するって？　他に誰かが破算から立ち直っているのか？　ここでは何が起きるのだろうか？　市長はどうなるのだろうか？　誰が選ばれるのだろうか？　誰が任命されるのだろうか？　これは一大賭事みたいなものだ。あなたはそれらに金を賭けているわけではないが、こういう見方をすることは、見通しをつけるのに役立つだろう。頭の回転をよくしてくれるし、またあなた自身もさらに謙虚になるようにさせる」

避けられないものとは、いっしょに生きよう

この六年間、デビッド・ラットは西海岸の貿易会社、エクスペディターズ・インターナショナルの中間管理職だった。そのとき輸入課長の職が空席になった。

「残念ながら、その仕事が得られませんでした」とラットは回想している。彼はこの挫折をいつまでも恨んでいることもできたし、自分の得ていた地位に興味を失うこともできたはずだった。しかし彼はそうしなかった。「わたしは過去については悩まず、この不幸を利益に変えることに決

めました。わたしは新任の課長を、まだ仕事に慣れない最初の数か月間、何でも手伝うことにしました」

その見返りは？「わたしは最近、輸入課次長の職が与えられました」とラットは言った。

ラットの助言に従おう。自分の思い通りにはできないことを悩んで、時間とエネルギーを浪費するなということだ。

チリのビジネスマン、アンドレス・ナバロによれば、「悩みや緊張を抱えて、それが解決できなかったことは何度もあります。一〇代のとき女の子が好きになって、その子が振り向いてくれなければどうします？　どうしようもありません。悲しむことでしょう。落ち込むでしょう。しかし、しばらくすると、その問題は消えますよ。解決法が見つからなくとも、そのことを抱えて、ただ生きるのです」

毎日毎日われわれの生活では、現実にさまざまな種類の不快なことに直面する。そのうちのいくつかについては、運よく、あるいは上手に変換することができる。しかし、われわれがどうすることもできない問題がいつもあるものだ。

犯罪と貧困。一日の二四時間。生活の重要な部分が他人に左右されるという事実。こういったものはちょっと変えようがない。いくら懸命に努力しても、どんな独創的なアイディアを出そうとしても、あらゆる助けを求めようとも――いくらやっても、どうにもできないことがある。

残念ながら、われわれは宇宙の全能者ではない。それに他人がいつもこちらの望み通りにやってくれるわけでもない。それが人生というものだ。しかし、われわれがそのことを速く受け入れられれば受け入れられるほど、より幸福になり、またより大きな成功を得ることになるだろう。マザーグースが言っているのはそういうことだ。

すべてこの世の病には
癒す手だてがあるか、なし
手だてがあるなら見つけよう
手だてがないなら忘れよう

ほんとうは両者を見分けることだ。われわれを幸福にする状況と不幸にする状況とが、明らかにある。問題はそれにどう反応するかである。しかし避けられないものを受け入れるときには、実際にはあまり選択の幅はないのである。もう片方を選べば、失望と恨みの一生になるのが普通だ。

われわれに問題解決の時間もエネルギーも創造力もまだあるときこそ、避けられないものとの戦いをやめるべきなのだ。「進んでそうするようにしたまえ」とヘンリー・ジェームズは言っている。「すべて起こったことを受け入れることは、不運の結果を克服するための第一歩である」

悩みにストップ・ロス・オーダーをかけよ

多くの病院と同様、シャープ・カブリロ病院は困難な時期を迎えていた。臨床医のロリ・イングランドは、解雇の大波の真只中にいて、次は自分だと確信した。仕事全体が、彼女の気を滅入らせるような状況になりつつあった。

しかし彼女は人生について、一つの決定をした。彼女は病院の不安定な状況について、これ以上悩むつもりはなかった。その代わりに、彼女は仕事を楽しむことにした。

彼女はＣＰＲ（広告効果の経費効率をコスト面から算出した指標）を教え始めた。彼女は仕事の外の部分に特別な情熱を注いだ。人びとは彼女の試みに――とりわけ他のすべての人が感じていた憂鬱さの中で――気づき始めた。

「あなたは将来誰が解雇されると思いますか？」とイングランドは尋ねる。「陰気で鬱陶しい誰かさん？　それともあらゆるものに対して情熱を注いでいる、チームの尊敬すべきメンバー？」

ウォール・ストリートの投資家が、相場が下がるたびに自問している問いを、自分自身に投げかけてみるとよい。――この投資でいくらまで損をしてもいいか？　相場が思い通りにならなかった場合、株価がどこまで落ちるのを辛抱すればいいか？　どこまで来たら、敗北を認めて立ち去るべきか？

ウォール・ストリートでストップ・ロス・オーダーと呼ばれているものは、仲買人に対して、ある価格以下になったときは株を売るように、という指令である。損はするだろう。しかしたった一度の売買の失敗で、全財産を投げ捨てるようなことはしない。

これと同じ考え方で、悩みに遇ったときも従うとよい。自問してみるのだ。この問題はどのくらい悩む値打ちがあるか？　一晩眠らないくらいか？　一週間の不安くらいか？　潰瘍くらいか？　めったにそんな問題はない。一つの問題がどのくらい悩む値打ちがあるかを、予め決めておくのだ。

経営のよくない会社の仕事で、チーム作業に参加したがらない従業員、粗悪なサービスを提供する下請け業者――それぞれはエネルギーと注意を要する問題ではある。しかしどれくらい許すか？　それはあなたが決めるべきことだ。いつかはこう言わなくてはならないときが来るだろう。「ヘッドハンターを探してくれ」とか「彼を試験期間採用とせよ」とか「他の下請業者のリストを探してくれ」などと。

しかしどんな問題も、世界中で大騒ぎするようなものではない。

ものごとは大局的な立場で見よ

全然悩むに値しないものも、ときにはある。あまりにも些細なことだ。たとえば、髪が風で乱れないだろうか？　わが家の芝生は隣のよりも青々としているだろうか？　上司は今日わたしに微笑みかけてくれただろうか？　たいていの場合、こんなことは問題にならない。

しかし自分の一生をこういう些細なことで棒に振ってしまう人がいることも、われわれはみな知っている。何ともったいないことだろう！

日々の生活の中で、問題にしなければならないことも、たしかにある。しかしまた、そうでないものもある。この両者を分けて考えることで、悩みを途中で断つことができる。ゴルファーのチ・チ・ロドリゲスは、大局的に見る能力をもっていた。

ノースビル・シニア・クラシックには、二五〇〇人ばかりの観衆がロドリゲスのティーオフを見に集まっていた。彼がいつも見ていて愉快な演技をしてくれるのを、みな知っていたのだ。ティーボックスの後ろの車椅子に座っている一人の少年がいた。誰もその少年に大して注意を払わなかったし、ロドリゲスより先にティーに立ったプロゴルファーもほとんど気づかなかった。彼らの関心はもっぱら、そのトーナメントの四五万ドルの賞金の行方に向けられていた。

ちょうどティーオフの直前、ロドリゲスはその少年に気づき、傍に行って、やあと声をかけた。ロドリゲスはゴルフ手袋をポケットから出し、少年の手にのせた。これは相当に注意の要ることだった。というのは、少年の手はかなりひどく曲がっていたからである。それからロドリゲスは手袋にサインし、少年にボールを与えた。そのときまでに、少年の顔は、自分がスターに気づいてもらえた興奮と喜びに溢れていた。

観衆はロドリゲスの優しい行為に、大きな喝采で応えた。その喝采を聞くと、ロドリゲスは困ったような表情をした。彼は手を挙げ、空を見上げたが、それはこう言っているようだった。「別に喝采してもらうほどのことじゃないよ。この子と家族とが、この場での真のヒーローなんだ」ロドリゲスは試合に精神を集中したが、何が人生のより大きな賞金かということもわかった。

他人への援助に歩を進めること――それは悩みと戦うためのすばらしい技術である。

とにかく、どっぷりつかることだ

一番悩みに患わされないのは、何か他のことに注意を向けているときである。それはプロの俳優が、急いで何かを覚えなければならないときにやる方法である。

映画『バグジー――いかさま師』やその他の作品で主演したアネット・ベニングは言う。

「大作に出たいと思うときには、待機期間が何か月になることがあります。製作者たちが来ては、去っていきます。彼らはまた、他の人びとにも会って、ふたたびあなたに会いに戻ってきます。わたしの場合、役に立つのは、役柄を演じることです。実際やってみたものです。とりわけ、たくさんの台詞を覚えなければならない作品が一つありました。だからわたしは結果がどうなるのかという不安につきあう方法として、それを演じているつもりでいました。そのときは、役を貰えませんでしたけど」

しかし彼女は、他のたくさんの役をつかんだ。そして多くの俳優が経験するよりもずっと少ない悩みで乗り切ったのである。「役を貰えないときは、気持ちを切り換えるようにしました。じっとしていないで、次のことに気持ちを移すのです」

もし自分が悩んでいると思ったときは、新しい計画に取りかかることだ。何かよいと思うことをするのだ。他人が求めていることに興味を集中する。忙しくしていれば、気持ちを自分自身の悩みから引き離すことができる。それにまた、他人に奉仕することによって、自分自身にもっと好意を持てるようになるだろう。

真の悩みに遭遇したときはどうするか？

これまで述べたような、悩みをやめるすてきな方法をいろいろ実行したとしても、それでも一生のうちには、なお問題を抱えることがあろう。われわれはそれを経験する。避けられないものは受け入れるべきである。悩みに厳しいストップ・ロス・オーダーをつけることもできる。またこの悩みが、どんな破滅をもたらし得るかをよく考えてみるのもよい。

しかしそれでも悩みは起こり得るだろう。それに賢明に対処することが必要になることもあろう。

ここに三段階からなる有効な対処法がある。もしこの三段階に従いさえすれば、あなたが直面している問題が何であるか、驚くほど明瞭になる。

1 まず自分に聞いてみること。起こり得る最悪の事態は何か？

ありがたいことに、われわれの問題の多くは、実際には生死に関わるような問題ではない。だから最悪の事態というのは、大事な顧客を失うことかもしれない。あるいは、会合に遅れるとか、上司に怒鳴りつけられるとか、熱望していた昇格を逃してしまうことかもしれない。不愉快だって？　それはそうだ。黙っていたが、悩みの原因は、実はそこからあがるはずだった何百万ドルだというのか？　きっとそうだ。それは致命的なのか？　多分そうではなかろう。

2　やむを得ない場合は、その最悪の事態を受け入れる覚悟をする

これはのんびりとして、失敗してもよいと思うことではない。ただ、自分自身にこう言うことなのだ。「よし、もしほんとうにそうしなければならないのなら、多分それを受け入れることができる」。そしてほとんどいつでも、それからほんとうに立ち直れる――たとえ最悪の事態になっても。

快いことではないだろう。そうでないような振りをする理由もない。しかし同時に昇格を逃したり、懲戒処分を受けたりするということは、別にこの世の終わりというわけではない。こういうことばを思い出したら――「おい、一番悪いことって何だい？」――ずっと穏やかな気分で問題の本質に向き合えることは確実だ。

3　それから最悪の事態を改善するために、落ち着いて順序立ててこれ務めること

自分自身に聞いてみたまえ。この状況をよくするためには何ができるか？　どのくらい素早く行動しなければならないか？　誰が助けてくれるだろうか？　最初に何かをし終わったら、第二に何を、第三に何を、第四に、第五には何をすべきか？　自分が次々にやっていることの成功度は間違っていないと、どうやって測定すればいいか？

ＴＲＷ　ＲＥＤＩ・プロパティ・データ社の販売責任者、パティ・アダムズは生命の恐怖に直面したとき、この三段階処理法を利用した。「ある日、電話のベルが鳴りました。わたしにとって最大の悪夢でした。医師が、自分の診療所にできるだけ早く来て、検査を受けるようにと言いました」。子宮癌だった。

「未知への恐怖に打ちのめされました」と彼女は言う。「わたしは女性でなくなるのかしら。それともひょっとして生命を？　幾通りもの筋書きがわたしの頭を駆け抜けました。大事なことから先にしなければなりません。だからわたしはまず受けました、その恐ろしい宣告を。そしてもちろん、わたしの気持ちは完全に萎えてしまいました」

自分自身を励まして、彼女は恐怖と向かい合い、医者に最悪の場合はどうなるかを尋ねた。それは「出産の可能性を失うかもしれない」手術だった。

彼女の気持ちは沈んだ。「二七歳で、そんな喪失に向かい合うにはあまりに若く、生命力に満ちていました。しかし手術を受けなければ死ぬでしょう」

ヒステリックになるより前に、アダムズは事実を受け止めた。「治癒率は九五パーセントです。そのとき、たとえ手術を受けても、わたしは生きているだろうということがわかりました」

一八か月間、彼女は病と戦うために薬を試用した——が、効果はなかった。「手術の日程が決まったとき、わたしは観念して、恐怖で自分を破壊させないことにしました。わたしは人生がもたらすどんなことでも、自分で処理できるんだという発想をすることにしました」

彼女は手術を受け、好運にも、細胞組織を少し除いただけで、回復した。「その後四年間、何の兆候も細胞の異常もありません。毎日わたしは美しいもう一つの人生と向かい合っています」

悩みを手馴づけ、
生命の糧とせよ。

16
熱意の力

わたしがニューヨーク市の一二五丁目のYMCAではじめて教えたクラスは、一〇人にも満たない小人数だった。その一人にナショナル金銭登録機のセールスマンがいたが、彼は驚くべき話をした。彼の言うところによれば、彼は市内に生まれ育ったのだが、一年前の秋、田舎の別荘を購入した。その家は建ったばかりで、緑も庭もなかった。そこでイチゴツナギの芝生をつくろうと決めた。冬の間、彼は暖炉でヒッコリーの木を燃やして、その灰を、芝生にしたいと思っている土地に撒いた。「あなたがたは、ブルーグラスの芝生を生やすには種を蒔かないといけないとお考えでしょう。ところが違うんです。秋にヒッコリーの木灰を地上に撒くと、春にはブルーグラスの芝生が生えてくるのです」

わたしもこれには仰天した。わたしは彼に言った。「もしそれがほんとうなら、あなたは科学者たちが何世紀も研究して成功しなかった事実を、発見したことになる。あなたは死者を生かす方法を見つけたわけだから。しかしそんなことはあり得ない。多分あなたの知らないうちに、ブルーグラスの芝生の種が、もとからその土地にあったのだろう。それともそこにブルーグラスの芝生はもう生えていたのかもしれない。いずれにしても、ブルーグラスの芝生がヒッコリーの灰から生えたりしないことだけは確実だ」

わたしは、わたしの考えは絶対に正しいことを信じていたので、これを穏やかにふだんの調子で話したのだった。ところがそのブルーグラスの芝生氏は血相を変えた。彼はさっと立ち上がって捲くし立てた。「わたしは自分が何を言っているかくらい、よくわかってますよ、カーネギーさん。しかしわたしはほんとうにそうしたんです」

それから彼はえんえんと、情熱と熱意を込めて語りつづけた。彼が語り終えたとき、わたしは受講生に言った。「この人が、自分がやったと言っていることを信じる人はどのくらいいる?」

驚いたことに、クラスの全員が手を挙げた。なぜ信じるのかとわたしが聞くと、ほとんど全員が口を揃えて言った。「それは彼が非常に前向きで、自分の言っていることをきわめて情熱的に話しているからです」

デール・カーネギー

もしも熱意に、知的なビジネスマンたちに科学の基本的法則さえ無視させるほどの力があるのなら、誰かが実際に道理に適ったことをしたときは、どれほどのことが可能になるかを想像してみてほしい。

ここに、熱意の核心がある。伝染するものであり、人びとを前向きに反応させるということだ。教室内でも、役員会でも、選挙運動においてでも、これは事実だ。アイスホッケーのリンクでこれが事実なのと同じだ。もし一つの考えやプロジェクトについて、あなた自身が熱意をもっていなければ、他の人は誰だって情熱的になることはない。もし会社の幹部が会社の方針を熱心に信じていなければ、従業員や顧客やウォール・ストリートが信じることを期待しない方がいい。一つのアイディアやプロジェクトやキャンペーンに、誰かに興味を持たせる最善の方法は、まさに自分自身がそれに興味を持つこと、そしてそれを人に示すことである。

トミー・ドラフィンはカリフォルニア州のインターフォン輸入業者、カルバー・エレクトロニクス・セールスのセールスマンとして、新しい職を得たところだった。会社の長い慣習に従えば、それはこういうことを意味した。つまりドラフィンには、信じられないほど手強い顧客のリストが手渡されたのである。その中には、カリバー社の長い間の上得意であったが、何年か前に取引を断られた、ある会社が含まれていた。

「わたしはその会社と取引することを、個人的な挑戦と考えることにしました。つまりそれはうちの社長に、その社との取引を再開できると納得させることでした。彼はそのことにわたしほど乗り気ではありませんでしたが、しかしわたしの熱意に水を差したくはなかったのでしょう、わたしがその顧客を訪問することを認めました」

ドラフィンは、この取引を個人的な任務と考えることにした。彼は価格の保証、発注から納品までの期間の短縮、および上質のサービスを申し出た。彼はその会社の購買部長に、カルバー社は「お宅様がご満足いただけるように何でも」いたします、と約束した。

ドラフィンの熱意は、購買部長とはじめて顔を合わせたときに発揮された。彼は微笑みを浮かべてその会合に現れると、「また当社を訪問することができたことを喜んでおります。ご協力を得て両社にとってよくなるようにいたします」と言った。

ドラフィンは取引が不成功に終わるなどとは、一度も考えなかった。彼は自分の会社がかつてこの得意先を失ったなどということは、ほとんど気にかけなかった。彼は顧客に、陽気に熱意を込めて、カルバー社はすでに取引再開の準備ができていると説得した。

「後でわかったことですが、購買部長がうちの社長に言っていたそうです。うちの申し出を受ける気になったのは、ただひとえにわたしの熱意のせいだと。彼らは注文を出してくれましたが、それは年間約五〇万ドルにもなります」

熱意というテーマについて論じる前に、一般に広がっている誤解をすっかり解いておきたい。声が大きいということが熱意ではない。テーブルを叩くとか、飛んだり跳ねたりするとか、ふざけた動作をすることが、熱意ではない。そんなものはインチキだ。熱意とは誰でもできることで、誰かを乗せてしまうことではない。そんなことをすれば、よい結果になるよりかえって悪くなるものだ。

熱意というのは、自分の内部から生まれる感情である。この考え方はきわめて重要であるから、ここでもう一度言っておこう。**熱意とは内部から生まれる感情である**。それは騒々しい興奮と混同すべきではない。

ときには熱意という内的感情はたしかに身振りが大きくなり、声が高くなっていく原因となるかもしれない。しかし大げさに振る舞う人は——ほら、「わたしは偉大だ。きみも偉大だ。われわれはいまや全員偉大だ！」というふうな——インチキの王様という地金が現れてくるかもしれない。

アナログ・デバイス社の会長、レイ・ステータは「リーダーシップとは結局、誠実さと信頼性の所産だ」と言う。「あなたは信用されなければならないし、また、信用できる人間と思われなければならない。自分のことばを守り、みなから信用される人間でなければならない。こういう格好をした方が、まだましかもしれない。そのことこそ、見せかけの巧みさや大袈裟な歓迎や鈍感などとは正に対照的に、卒直な真の対話のための前提条件だと思う」

歴史上の真の情熱家たちは、このことは本能的に理解していた。一九五〇年代に遡れば、ジョナス・ソークは、ポリオワクチンの製造に熱意を傾けたのではなかっただろうか？　もちろん彼は情熱を傾けたのだ。彼は自分の人生を、その成功に捧げた。ソークと接したことのある人は誰でも、彼が自分の研究について語るときの眼の輝きに、また彼が研究所で指導した不眠不休の活動に、彼の熱意をただちに見てとることができた。ソークは二世代にわたって科学者たちに刺激を与えた人物となった。そうだ。ソークは積極的でにじみ出る熱情を持っていた。しかし彼は、わめいたり叫んだりはしなかった。いま彼は同じ熱意を、エイズの原因となるＨＩＶウイルスのワクチンを発見することに注いでいる。

六九年、ニール・アームストロングは同じように興奮して、月面を歩いていた。彼の興奮は、その抑揚のないオハイオ訛りでさえよくわかった。「一人の人間にとっての小さな一歩が、人類にとっては巨大な跳躍なのだ」と彼は述べた。アームストロングはそのことばを大声で叫ぶことも、アポロ宇宙船にふたたび乗り込む前に躍ってみせる必要もなかった。しかしアームストロングの興奮は、彼の思慮深いことばの中に込められていた。

九一年、ノーマン・シュワルツコフが湾岸戦争で米軍を指揮したとき、彼は無頓着に見えただろうか？　いやいや、決して。部隊が目標を達成することを、彼が信じているということを大声を張り上げていう必要はなかった。わからせる必要がなかっただけである。それはＣＮＮの五秒間のニュースハイライトでわかったはずだ。

これらの情熱家たちは誰一人として、特別に声が大きくもなく、騒々しくもなかった。しかし彼らが自分の仕事をどう感じているのかと疑問に思う人は一人もいなかった。

真の熱意は二つの部分から成る。情心さと確信である。何かに熱中し、それを処理するあなた自身の能力について、確信を示したまえ。熱というものは、そういうことなのだ。この二つの感情を、会社について、プロジェクトについて、あるいはアイディアについて持てば、あなたの情熱は驚くほど伝染するものである。あなたがそれを持てば、他の人びとはあなたが熱意を持っていることを知るだろう。そして間もなく彼らもそうなる。そのことを請け合ってもいい。

オリンピックの体操選手、メアリ・ルー・レットンの言うところによれば、「わたしにとって情熱はいつもごく自然でした。わたしはただ非常に積極的な人間だっただけです。そしてわたしはいつも積極的な人たちに囲まれていました。それがわたしにとってとても大事なことなのです」

このような積極的な姿勢こそが、レットンが若くして国際級の体操選手として耐えねばならなかった辛い訓練課目すべてをやり抜くことができた、秘密の一端であった。「わたしのコーチのベラ・カローリーが不機嫌で、競技場で厳しかったことも何度かありました。わたしは四、五人の女の子のグループをいつも積極的にさせることに努めました。一人の女の子が落ち込んで『ああ、わたし、もうこんなことしたくない』と言ったりすれば、たちまちみなが落ち込んでしまいます。わたしはそれがいやでした。一〇人全部が最高のムードでいたはずなのに、もしそのうちの一人が消極的になると、グループ全体が駄目になってしまいます。だからわたしはそういう人たちとは離れようとしました」

「いつも幸福で成功している人たちに囲まれていることだ」とビジネス書の著者、ハーベイ・マッケイも同意見である。「わたしは消極的な人たちとは、いっしょにならないようにしている。もしあなたの友人や同僚、あなたの尊敬している人、あなたの愛読書の著者が、楽観的で情熱的で、すごく自信のある人たちだったら、その人たちはあなたを作り上げる大切な方々なのである」

熱意の力を過小評価することは、ほとんどあり得ない。「あらゆる偉大で立派な行動は、熱意の勝利だからである」と、かつてラルフ・ウォルド・エマーソンは言った。「いかなる偉大な事業も、かつてそれなしになし遂げられたことはない」。これは市民権運動についても事実である。アメリカ建国についても事実である。また同じく、今日の大企業すべてについて事実である。

熱意の重要性は、高い能力、あるいは勤勉に匹敵する。われわれはすべて、才気に満ちていながら何事も成しえなかった人がいることを知っている。しかし勤勉に働き、仕事を愛し、熱意を示す人びと——彼らはやがて成功する人びとである。

デール・カーネギーはかつて友人に、自分の最高幹部補佐役——その人たちの能力が、彼の仕事の成功ないし失敗に大いに影響するところの——の人選をどんなふうにするのかと尋ねたことがあった。友人の答えを聞いて少し驚く人もいるかもしれない。「実際の技術とか、能力とか、知識とかは、成功する人と失敗する人との間の差は、普通そんなに大きくないし、際立ってもいない」とニューヨーク・セントラル鉄道の社長、フレデリック・D・ウィリアムソンは言った。「しかし二人の人間が大体同じくらいだったら、熱意のある人間の方に軍配は上がるだろう。多くの場合、能力は二流でも熱意のある人間なら、能力は一流でも熱意のない人間を追い越すのである」

IQテストの主な欠点は、人間の熱意や感情の力を測定できない所にある。このテストが二世代前に導入されたときの謳い文句は、驚くべき予言の手段であるということであった。ある人間の「知能指数」を測定すれば、その人間が生涯にどういう仕事をなし遂げられるかなどが、非常に正確に予測できるというのが、ＩＱテスト会社の主張であった。

人生がそんなに単純なら、よかったのだが。そのアイディアは、とりわけ全世界で現在より多くの科学信仰があった当時には、いかにも魅力的であった。標準テストの商売が繁盛した。大学入学の試験官は、卑屈なまでにテストに頼って入学者を決定した。学校の進路カウンセラーはこれを使って、子どもたちを特進クラスと補習クラスに振り分けた。軍隊はＩＱテストを使って幹部候補生と便所掃除夫をする人を選別した。

もちろん、知能は重要である。ある人びとは他の人びとよりも多くそれに恵まれており、そのために、彼らには、他の人たちよりも容易にできることがある。創作力、運動能力、絶対音感、その他の貴重な才能についても同じことが言える。しかしこうした生まれつきの才能というものは、実は全体図の半分にすぎない。あとの半分は、自分の努力によるものである。

現在の標準テストの多くを扱っている、ニュージャージーの会社の教育テスト・サービスに関わっている人たちでさえ、実は自分たちの結果がいかに不完全なものであるかを力説しているのである。学校の入学試験官も、これらの結果をあまり文字通りに解釈しないように警告している。他の多くの要素が考慮されるべきであると。その要素のトップには各個人の熱意が来る。

ナショナル・ホッケー・リーグの栄誉の殿堂入りを果たしたデニス・ポトビンは、ニューヨーク・アイランダーズ・チームを四度スタンリー杯獲得に導いたが、熱意について少しばかり語る資格を有するのである。

このアイランダーズの前のキャプテンは思い出して、こう語る。「トレーニング・キャンプに行ったときは、ホッケーに気持ちから打ち込むことが必要だった。だからわたしは、夏中ずっとスケートしなければならないのだからと考えて、何人かのプレイヤーがやっているような入り方をしなかった。わたしはむしろ反対のことを感じた。あまりスケートをしたくなかった」

「だからわたしがトレーニング・キャンプ入りをしたときには、たいていの人のように、いい体調ではなかった。体調を整えるためには、特別猛練習をしなければならないことはわかっていた。しかし彼らに優っていたのは、ホッケーをやることに、また真の情熱を持っているということだった。わたしのプロとしてのキャリア一五年目の九月だった。わたしはもう一度新人になったような気がした」

いや、あなたは情熱をごまかすことはできない。しかし、これだけは事実で絶対にそうだといえるのは、あなたは熱意をつくり出せるということである。それは育てられる。そしてそれを、自分の役に立つように使うことができるのだ。デール・カーネギーは、このあたりを次のように説明している。「熱意を得る法は、自分のやっていることと自分自身を信じること、そして何かを成し遂げたいとはっきり望むことである。そうすれば昼のあとに夜が来るように、熱意が必ず生まれて来るのだ」

このことはどんなふうに始めたらよいだろうか？　「あなたが好きなことを、やろうとしていることを、あなた自身に語りかけ、嫌いなことから好きなことへ素早く考えを移すこと。それから熱心さをもって振る舞うこと。そのことについて誰かに話し、なぜそれに関心を持っているのかを彼らに知らせること。あなたが『まるで』自分の仕事に、真に興味があるかのように振る舞えば、少々その気になって振る舞えば、あなたの興味が本物になってくれるだろう。そしてまたそれが、あなたの疲れや緊張や悩みを和らげてくれるだろう」

熱意は、人生の真の目標を持っているとき、真摯に追求しようとしているものがあるとき、素直にあなたの内に生まれ育つものである。

朝起きたら、その日起こりそうな楽しいことをちょっと思い浮かべてみるといい。それは別に記念すべきほどのものである必要はなく、あなたがいつも味わっている仕事の上での楽しみのほんの一部分だってよい。あなたが昼食のとき会う予定の友人かもしれない。あるいは家族での行楽とか、友人との一杯のビールとか、スカッシュ・コートやエアロビクス教室での一時間かもしれない。それが何であろうと、大事なのはこういうことだ。人生は憂鬱だったり、無味乾燥だったりする必要はない。われわれには楽しみにする目標や体験が必要だ。それが人生への前向きな信頼を生み出すのだ。このことを一瞬でも思い出すことのできる人は、新しい人生の見方を学んだことになる。彼らは自分の凝り固まった型にはまった生活を打ち破ることができる。つまり彼らは情熱的に生きることができるのだ。そうすれば、その結果は実にめざましいものになるはずだ。

チリのソンダ社の社長、アンドレス・ナバロは「現代の組織はこれまで以上に情熱的な指導者を必要としている」と信じている。「それはリーダーシップのおよその定義であり、他の人びとに共通の目標に向かう熱意を移入する能力だ。もしあるグループの人びとが今日明日のうちに熱意をもち、あるプロジェクトで快く働いてくれることを、あなたが望むならば、『明日から全員が熱意を持っているだろう』などとメモを書いたって、役には立たない。自分こそその熱意を持たなければダメだ」

「もし自分に熱意がなければ、熱意を誰かに伝えるのは無理だ」とナバロは言う。「だからもしあなたが環境を変えたければ、第一に自分自身を変えなければならない。もし自分が最初に変わらなければ、子どもを変えることさえできない。もし息子にサッカーのプレーに熱中してほしければ、自分自身が熱中しなければならない」

「熱意というのは、メモの書き方を通じてというより、眼を通して、動き方を通じて、一日中の行動を通じて、伝わるものだ。実際にはわれわれはみな、何かしらに対して情熱を持っているはずだと思う。どんな形であれ、情熱がないとすれば、それは死んだも同然だ。何かをしているときに、自分が情熱を持っていることに気づいたら、どんな目標であろうと、情熱的にそれを追求する能力を開発することは簡単だ」

実際ほとんどいつもと言ってよいくらい、成功は熱意がもたらすものである。信じがたいかもしれないが、生の証拠が、それが事実であることを証明している。

レバー・ブラザーズ社の前社長、デビッド・ウェブが熱意に溢れていることは、彼が事務所のドアを通り抜けるところを見るだけでわかるだろう。彼は大向こうを唸らせるような役者ではなく、握手してニッコリ笑うような芸達者でもない。しかし彼の足取りや真っ直ぐ挙げた頭は、積極的で快活な精神が溢れ、彼の眼には熱意が見てとれる。これは何でもないことのように思えるかもしれないが、この外見は、こちらが想像するよりも大きな力を持つのである。それは偶然ではない。

ウェブは言う。「みないつもエレベーターの中でのあなたを読み取っている。何にせよ、あなたは四六時中、あなたの真の価値を見せている。人間の記憶力はすばらしいものである」

ウェブは続けて言う。「わたしはこれをユニリバー社の会長だったサー・デビッド・オアから学んだ。わたしはインドで、彼の後を引き継いだ。彼は営業責任者だった。彼は誰でも知っていたが、デビッド・オアはどこへでも行った。インドに大きな卸売業者の大きなネットワークを持っていたが、どの業者のところへ行っても、歓迎してくれた。わたしはインド中をまわってデビッド・オアが行ったことのない業者、彼の写真が壁に掛かっていない業者を見つけようとしたが、無駄だった。彼はインド中のセールスマンを全部知っていた」。彼らみなが憶えていたのは、サー・デビッドの熱心さだった。

ウェブはこの教訓に学び、このことを忘れずに、ついにレバー・ブラザーズ社の最高経営責任者に就いた。「わたしはわが社のセールスマン全員に会った。七五〇人くらいいると思うが、この会社に来て三か月以内に会ったんだ」と彼は回想している。「彼らはわたしを知っている。彼らはわたしと連絡を取ることができる。わたしは外で彼らと、ときにはバカ話をしたり、冗談を言ったり、何となくいっしょにいたりする。わたしはセールスマンも工場の連中も好きだ。しかも、わたしには好きでない人というのは一人もいないのです」

トマス・ダハティは地方金融機関だったノースター銀行がフリート・ファイナンシャル・グループに買収されたとき、ノースター銀行幹部の一員だった。ダハティは残留し、ニューヨーク市地域のフリート社の事業のすべてを取りしきった。

当然のことではあるが、ダハティの同僚の多くは、株主が変わったことで非常に神経質になっていた。ダハティは言う。「当たり前のことですが、顧客も家族も友人も『合併してどうだい？』と尋ねたがりました。自分がその合併を歓迎していると、他人もそうなるものです。人びとが求めているものは、態度と熱意だと思います。毎日、机で浮かぬ顔をしていると、みなは即座に読み取ります。しかしエレベーターに乗って、誰に会っても、以前と同じように、おはようと言っていたら、それはわかります。みなは思います、おお、彼は張り切ってるなと。それで彼がここで成功する機会を与えようではないか」と。

この判断はもちろん、あなたの仕事の中で何か好きなものがあることを、前提にしている。これを実証的に評価するには、少しばかり深く掘り下げる必要がある。仕事にはたいてい何か好きな部分があることは事実である。しかし冷厳な現実をごまかすのはやめよう。まったく惨めな、あるいは気質や能力や目標にまったく合わない仕事というものもある。もしそういう状況があなたに起こったら、何とかしなければならない。人生とか仕事に熱中できなければ、けっして真の成功は得られない。自分にぴったり合う仕事が見つかるまで、仕事から仕事へと渡り歩く人が大勢いる。これは何ら恥じるべきことではない。恥じるべきなのは、仕事について嫌な思いをしながら、それをもっとよくしようとも、別の仕事を見つけようともしないことだ。

もしあなたが人生に退屈しているのなら、あなたのまわりの人びともいっしょに眠り込んでしまうだろう。もしあなたが皮肉屋で反抗的だったら、彼らもそうなるだろう。もしあなたにやる気がなければ、彼らもけっして燃えあがらないだろう。

だから熱意を持て。あなたのまわりの人びとに、あなたの熱意が生み出す影響を見守ろう。そうすれば彼らはもっと生産的になり、熱心にあなたに随いて来るだろう。熱意こそが、冷静な知識よりも、威力を持つということを憶えておこう。そうすれば真摯な熱意は広がっていくものだ。

熱意の力をけっして過小評価してはならない。

結び

原則を活かす

人間関係は、恐らくあなたが直面している最も重要な問題であろう。特にあなたがビジネスに携わっているなら。いや、たとえ主婦であっても、建築家や技術者であっても、それは事実だ。カーネギー教育開発基金主催のもとに行われた調査によって、きわめて重要かつ意味深い事実が判明した。この事実は、後にカーネギー工科大学でなされた追加研究によって確認されている。これらの研究は、工学のような技術部門でさえ、財政的成功のほぼ一五パーセントは技術的知識によるが、約八五パーセントは人間工学における能力――つまり個性と、人びとをリードする能力――とにかかっていることを示したのである。

デール・カーネギー

窓の外を見よう。過去数年間だけでもどれほど多くの変化が起こったかを認識しよう。戦後のブームは消えた。競争は世界的規模で行われるようになった。消費者はずっと賢くなった。高品質は当然期待されるものとなった。あらゆる新しい産業が生まれ、またあるものは再編された。あるものは枯渇し、消え去った。二つの軍事的超大国という考え方は、いまや古い昔の歴史のように思える。

ヨーロッパの東ブロックは解体した。ヨーロッパは日一日と統合されつつある。第三世界の国々は、経済の舞台へのし上がってくる。何世代ものビジネスマンたちが期待していた、恵まれた安定性とともに、気楽さは、現代資本主義からほとんど消え去った。

デール・カーネギーはこのような変化の一つひとつを予見していただろうか？　もちろん、していなかった。誰一人、こんなに速く変化する世界を予見などできなかったろう。

しかしカーネギーは、もっと重要とも言えることをした。彼は人間関係についての一揃いの原則を残したが、それはいつまでも通用するもので、その価値は当時と同じく、現在も失われていない。そして後でわかったように、ストレスが強く、動きが速く、不安定な現代世界に、きわめてよく適合しているのである。

他人の視点からものごとを見よ。
真摯な評価と賞賛を与えよ。
情熱の力を活用せよ。
他人の人格に敬意を払え。

あまりに批判的になるな。
よい評判を与え、その評判に背かない生き方をさせよ。
生活に遊びとバランスの感覚を失うな。

三世代の学生やビジネスマンがこの本質的な知恵から恩恵を蒙っている。さらに多くの人びとが、毎日恩恵を受けつつある。

カーネギーの原則が、無限の生命力を持つのは驚くべきことではない。それらは何か特殊な瞬間の現実に、確実に変化を繰り返す現実に、もとづいているのではない。カーネギーはこれらの原則を、非常に長くかつ厳しく検証した。流行は何年ものうちに起こったり廃れたりするものだ。株は上がったり下がったりするだろう。技術はさらに進歩の速度を高めるだろう。政党は勝ったり負けたりするだろう。そして経済の振り子は催眠術師の時計のように揺れ続けるだろう。良いときから悪いときへ、そして良いときから悪いときへと……。

しかし、カーネギーの洞察は不動である。それはただ実行しさえすればよい。それは人間性という基本的な事実にもとづいて構築されたものであり、その本質的真理はけっして消え去ることはない。それは世界が生きつづけるかぎり、有効である。果てしなく変化しつつあるこの新しい時代にあっても、それは同様に有効である。いまやカーネギーの原則の必要性は、すべての人にとって、以前よりもさらに大きいのである。

だから、これらの基本的な教訓や技を実行しよう。毎日の生活に取り入れよう。友人や家族や同僚とともに利用しよう。それによってどんなに事態が違ってくるかを見よう。

カーネギーの原則は、高度な人間心理学の知識を必要とするものではない。何年間かの自己反省とか思考も必要としない。必要なのはただ実践とエネルギーと、世の中で人間関係をよくしたいという真剣な願望だけである。

「ここに記したルールは、単なる理論や推論ではない」とデール・カーネギーは何百万の人びとに、彼が一生を通じて教えてきたこれらの原則について述べている。「それは魔術のような効き目がある。信じられないだろうが、私はこの原則の応用が、多くの人びとの人生を、文字通り改革するのを、見てきたのだ」

だから、これらのことばを肝に銘じよう。そして、あなた自身の中にいる指導者を見つけるのだ。

謝辞

本書のような書物は、一人や二人の人間だけで努力してできあがるものではない。実際、本書は多くの優れた人たちの寛大な援助によって、測り知れぬ改善が重ねられた。ここで、J・オリバー・クロム、アーノルド・J・ギトマー、マーク・K・ジョンストン、ケビン・M・マックガイア、レジナ・M・カーペンター、メアリ・バートン、ジーン・M・ナルスキー、ダイアナ・P・マッカーシー、ヘレナ・ストール、ウィリー・ザンダー、ジーン-ルイス・バン・ドーン、フレデリック・W・ヒルズ、マルセラ・バーガー、ローリーン・コネリー、およびエリス・ヘニカンの諸氏に厚くお礼を述べたい。

また、スポンサー、マネジャー、インストラクター、受講生、および本社チームなど、全デール・カーネギー関係者から与えられた絶えざる支援に対しても、深く感謝する次第である。

最後に本書は、この世の中で成功を収められた方がたの実生活における体験から、きわめて大きな示唆を受けた。これらの方がたの属されている分野は、実業界、学界、芸能界、および政界を含む諸分野である。これらの方がたはすべてご自分の時間、思想、そして信念を惜しみなく分け与えて下さった。ここに記して謝意を表するものである。

訳者あとがき

厳しい時代である今日、将来は楽になるという保証は何もない。わたくしがいまできることは、わたくし自身に投資するということである。つまり、わたくし自身が指導者としての能力を鍛え、個人的あるいは仕事の上で、より大きな成功を収めることができるよう務めることである。

本書は、そのような目的に応えるものとなっている。編者であるデール・カーネギー協会は、過去八〇年間にわたって、あらゆる階層の人に対し、人生における最も意義ある生き方を教えてきており、本書を通じて、わたくしたちの人生のあらゆる場面で成功を収めるための、強力かつ具体的な方法を示しているのである。今世紀において最も影響力のあるマルコム・S・フォーブス Jr.やアーサー・アッシュのような方々の、心からの助言に耳を傾けることができる。

実業界、芸能界、スポーツや学界、政界の有力指導者たちとの面談から得た多彩な実話から、著者のレビン氏とクロム氏は、今日のまったく予想も許さぬ社会環境においても、デール・カーネギー協会が長年にわたって実地において証明した人間関係に関する原則が、さらに一段と高いレベルで有効であることを教えている。著者は、あなたがいかなる仕事についていたとしても、あなたの創造性と熱意によって、さらに大きな成功を収め得ることを示している。

すなわち、

・あなた自身の指導者としての力を知ること
・相互信頼を築くこと
・あなた自身への尊敬を得ること
・心の中で「われわれ 対 彼ら」の考えを捨てること
・目的を達成し、自信を得ること
・柔軟性に富み、ときには大胆な決断をすること
・問題解決に当たって、もっと創造的になること
・あなた自身と他の人にやる気を起こさせること
・もっと効果的に聴くことによって、より多くを学ぶこと
・チームの一員として活躍することを学び、もっと同僚との協力を図ること

・仕事上の、あるいは個人的な関係を改善すること
・もっと明確に考えたり、意志の疎通を図ること
・過ちに対するあなたの態度を変えること
・仕事と休暇とのバランスを保つこと
・悩みをコントロールし、あなたの人生にエネルギーを注ぎ込むこと

意志の疎通を図り、人にやる気を起こさせる能力は、次の一〇年間において勝敗を決定する要素となるであろう。本書は人間関係の基本原則にもとづき、将来への成功に必要な技を身につけるのに役立つものと確信している。

一九九五年一月

山本徳源

●本書は一九九五年一月二〇日に刊行されたものを、判型・装丁を一新した新装版です。

訳者紹介

山本徳源(やまもと・とくげん)

1927年東京生まれ。1947年芝浦高等工学校卒業。1961年早稲田大学卒業後、上智大学・ハーバード大学で学び、アメリカン・スクール事務長、フルブライト委員会事務局、RCAレコード・アジア太平洋地区代表、ワーナー・パイオニア㈱代表取締役社長、米国タイム・ワーナー特別顧問、デール・カーネギー・コース日本主宰者パンポテンシア㈱代表取締役社長を歴任。1995年12月死去。

リーダーになるために〈新装版〉

二〇〇〇年九月十日新装版第一刷発行
二〇〇一年七月二十日新装版第四刷発行

訳者　山本徳源
発行者　矢部敬一
印刷所　株式会社太洋社

発行所　創元社
〒541-0047　大阪市中央区淡路町四丁目三—六
電話06(六二三一)九〇一〇㈹
東京支店＝新宿区神楽坂四—三煉瓦塔ビル
電話03(三二六九)一〇五一㈹

落丁・乱丁等の場合はおとりかえいたします。(検印省略)

ISBN4-422-10054-8